红色记忆® 36

血与火的地道战

海南省文化交流促进会　编

南海出版公司
2014·海口

图书在版编目（CIP）数据

红色记忆．第1辑．36 / 海南省文化交流促进会编．
-- 海口：南海出版公司，2014.7（2025.1 重印）
ISBN 978-7-5442-7208-7

Ⅰ．①红… Ⅱ．①海… Ⅲ．①革命传统教育—中国—青少年读物②革命传统教育—中国—少年读物 Ⅳ．① D642-49

中国版本图书馆 CIP 数据核字（2014）第 136745 号

HONGSE JIYI · DI 1 JI · 36

红色记忆·第1辑·36

作　　者　海南省文化交流促进会
总 策 划　刘　栋
顾　　问　贾延岩
执行总编　任在齐　张　桐　张爱国
责任编辑　聂　敏
封面设计　郑广明
排版印务　魏灵玲
发行总监　杨成春
出版发行　南海出版公司　电话：（0898）66568508　66568511
社　　址　海南省海口市海秀中路 51 号星华大厦五楼　邮编：570206
电子信箱　nhpublishing@163.com
经　　销　新华书店
印　　刷　天津睿意佳彩印刷有限公司
开　　本　787 毫米 ×1092 毫米　1/16
印　　张　6.25
字　　数　100 千字
版　　次　2014 年 7 月第 1 版　2025 年 1 月第 2 次印刷
书　　号　ISBN 978-7-5442-7208-7
定　　价　39.80 元

对历史无知的人，没有真正的信仰可言；没有信仰的人，不可能拥有美好的理想，不可能胸怀崇高的情感，也就不可能担负起任何责任。用欲望文化代替历史教育，足以使一个国家的青年被腐蚀、使一个民族的希望被毁掉，使这个国家和民族被永世万代地奴役！

鉴于此，我们呼唤历史，唤回那段属于二十世纪的“红色”历史，唤回那段炮火硝烟、颠沛流离的历史，唤回那冲天的狼烟留下的悲壮回忆、岁月年轮沉淀的斑驳痕迹。历史不应该被忽略，更不应该被遗忘，牢记那段革命战争年代的红色历史更是责任。为了那些不应该被忘却的记忆，为了那些不应该被丢弃的信念，于是就有了这套《红色记忆》丛书。

曾记否，当草鞋与意志丈量出来的两万五千里穿越一个伟大民族五千年的荣辱兴衰，革命的火种被一路播撒、一路点燃。人迹罕至的雪山、荒无人烟的草地被鲜血浸透，衬映出一段光辉的里程；万水千山早已被远远地抛在身后，一轮红日在黄土高原磅礴而起。满目疮痍的河山在1936年10月温暖如春……

曾记否，当生命和鲜血浸染的十几年光阴将一种记忆铭刻进一个伟大民族的历史画卷，革命的火焰从星火到燎原。这栏杆拍遍、易水悲歌般的呼号，这折戟沉沙、慷慨赴义的悲壮，这铁马冰河、枕戈待旦的苦战，这红旗漫卷、所向披靡的豪迈……腔腔热血、铮铮铁骨早已被熔铸成一座不朽的丰碑，中华民族从苦难中百死后生的壮丽诗史凝结成了五星闪耀的红色记忆。

曾记否，中华人民共和国成立以来，又有无数英烈接过前辈用鲜血染红的旗帜，或壮怀激烈戍边卫国，或忠于职守鞠躬尽瘁，或绝甘分少奉献大爱，甘做国家强盛、人民富裕的铺路石，成为和平年代民族复兴的荣光，把人民心中的红色记忆浸染得分外鲜艳，永不褪色。

这红色记忆，是信念不衰、志向不改的崇高气节；这红色记忆，是无私无我、生属苍生的博大胸怀；这红色记忆，是敢为人先、披荆斩棘的拓荒精神；这红色记忆，是中华民族最宝贵的精神财富。它告诫我们，人事有代谢，传承无绝期。缅怀先烈精神，继承先烈遗志，是社会的道德和民族的良心，是后来者须臾不可忘怀的本分。

老一代人把历史的真实交付给我们，我们有责任用真实还原历史，传承给下一代，把那段岁月与现在年轻人的生活连接到一起，使他们眼中的历史变得立体、真实、可靠，让历史成为他们前进的动力。本丛书将那些流动的、随时会飘散在时间天际的事件凝固下来，希望透过这些文字、图片，感受到英雄们那坚定的革命信念，感受到那个年代澎湃的革命激情，真切体会那段“红色历史”。

忘记历史，就意味着背叛。让我们重温历史，缅怀先烈，从中汲取力量，毅然前行。

刘栋

目录 CONTENT

目 录

CONTENT

陈赓新野养伤记

文/李富根　齐建峰

陈　赓

在陈赓将军的大事记里有着如下记录：1932年6月，陈赓率部参加鄂豫皖苏区第四次反“围剿”作战。9月，调任红四方面军参谋长，在新集西北胡山寨战斗中右腿负伤。10月，红四方面军主力离开鄂豫皖苏区，行至豫南地区，离队潜往上海治伤。11月，到上海牛惠霖骨科医院治疗腿伤。曾经向上海中央局揭发张国焘的错误路线。并曾两次会见鲁迅先生，讲述鄂豫皖苏区军民的斗争事迹。

大事记中记录的“行至豫南地区，离队潜往上海治伤”讲的就是陈赓在河南省新野地下组织的帮助下，躲过敌人的层层封锁，转往上海的故事。

1932年10月22日，红四方面军西征路过新野。26日晚，在夜幕的掩护下，交通员老李搀扶一名商人模样的伤员，一瘸一拐地进入新野县城北的樊集第二高级小学，找到在该校以教书为掩护的中共新野县委宣传委员王慈如。老李轻声告诉王慈如：“这是一位红军干部，要在确保安全的情况下尽快护送到南阳去。”接到指示后，王慈如立即把伤员隐蔽起来，嘱咐中共党员、学校炊事员张文奇精心照料伤员食宿。

当夜，在和伤员交谈中，王慈如得知这位伤员就是红四方面军参谋长、原第十二师师长陈赓。在第四次反“围剿”战斗中，陈赓右腿受重伤，因转移过程中战斗频繁，伤势更加严重，不能随部队继续前进，经组织批准前往上海医治，并向党中央汇报红四方面军西征转移的情况。王慈如向陈赓汇报了新野地下组织的工作情况。陈赓就如何在白色恐怖下开展党的工作给予指导，详细介绍了国内外形势，还以个人献身革命的亲身经历教育王慈如努力做好党的地下工作，并以社会发展史的观点，讲述了共产主义必然会在中国和全世界实现的道理。

陈赓勤奋好学，他不顾伤口的疼痛，

要王慈如给他找书报阅读。王慈如找了些当时出版的国民党的书报。陈赓说："反动的书籍、报章杂志看看也大有益处。"就这样，他在腿伤的疼痛中阅读了一些国民党的书报杂志，进一步了解当时的形势，掌握当地政治和经济等方面的情况。他还给张文奇讲述红军英勇战斗的故事，教育他要学习文化知识，并手把手地教他写"工人、农民"等字，这对张文奇1936年参加红军，后来成长为一位军事指挥员起到了重要的作用。

在此期间，王慈如不仅在生活上对陈赓尽力照顾，还买了药物为其疗伤，并对如何护送陈赓去南阳做了周密安排。三天后的一个早上，陈赓化装成商人，两名中共党员扮作伙计，雇了一辆小推车，推着陈赓，十分警觉地绕过大集镇，从东路向南阳行进。当走到南阳三十里屯南边的关爷庙时，地方民团设卡盘查甚严，但此时已不能绕道了。团丁盘查他们时，一方面感到这位客商有派头，不敢轻易近前细查；另一方面对客商的外地口音和不下小推车产生怀疑。团丁小声嘀咕几句后，让他们暂时休息。一团丁迅速往北三十里屯镇跑去。该镇是国民党区公所所在地，地方民团区队部就设在这里。有丰富斗争经验的陈赓判断出那北去的团丁是去报告上司的，便立即给护送的同志使了个眼色，大声说："往南边饭铺吃饭去！"护送同志遂大声附和："先往南边饭铺吃饭吧！"随即迅速离开该地，返回樊集。

陈　赓

回到学校后，为确保陈赓的安全，中共新野县委决定立即将其转移到白河西边的上凤鸣村，隐蔽到县委组织委员杨文彩家里。当天深夜，王慈如带领两名中共党员护送陈赓渡过白河，来到下河上村的一棵大树下，依依不舍地把陈赓扶上牛车，由早已等候在这里的杨文彩赶车，悄悄来到上凤鸣村。在此数天，陈赓借读了《三国演义》，还问杨文彩的兄长，新野县哪里是三国时代的古战场，哪里有关于刘、关、张和诸葛亮、曹操的遗迹。听完介绍后，陈赓说："腿病治好以后，有机会再到新野时，一定去看看三国时代留下来的名胜古迹！"

陈赓在杨文彩家隐蔽期间，中共新野县委与设在南阳的中共鄂豫边临时省委取得联系，约定了护送和接应陈赓的时间、地点、暗号。11月初的一天凌晨，在凛冽的寒风中，王慈如、张文奇、杨文彩护送陈赓到白河的新集渡口过河，与临时省委交通员周胡子接上头，由周胡子带领陈赓顺利到达南阳。经过地下党组织的周密安排，陈赓几经辗转，终于秘密到达上海，结束了在新野惊险、传奇的养伤之行。

（本文选自《解放军报》）

杨勇三大抗战传奇
——开创鲁西平原全歼日军

文/陈　辉

杨　勇

没有“勇”字，不是杨勇，不言“谋”字，也不是真正的杨勇。有勇有谋的杨勇在抗日战争中巧用神兵，成就了抗日战争中的传奇。

平型关首战告捷

1937年8月下旬，中国工农红军主力正式改编为国民革命军第八路军。杨勇所在的红一军团第四师在陕西三原改编为八路军第一一五师三四三旅六八六团，李天佑任团长，杨勇任副团长（后改任政治委员）。

8月22日，李天佑和杨勇率六八六团从三原出发，东渡黄河进入山西，沿同蒲铁路北上直赴抗日前线。

9月22日，日军第五师团二十一旅团一部由灵丘向平型关进犯。为打击日军的猖狂气焰，配合国民党军阻止日军进攻，第一一五师受命利用平型关东北关沟至东河南镇道路两侧高地，伏击歼灭进犯的日军。

六八六团奉命担任“斩腰”的主攻任务，分割歼灭沿公路开进的日军；左翼六八五团截击日军先头部队，协同六八六团围歼进入伏击地域的日军；右翼六八七团切断日军退路，并阻击由灵丘、浑源方向来援的日军。

24日夜，李天佑和杨勇率领六八六团冒雨设伏于小寨至老爷庙以东的高地。25日7时许，当日军第二十一旅团一部和大批辎重车辆进入伏击区域时，六八六团协同兄弟部队抓住有利战机，向日军突然发起攻击。

战斗一打响，老爷庙所在的高地就

成了日军争夺的目标。其实在布置阵地时，李天佑、杨勇都想到了这一点，但因为目标太过醒目，怕预先设伏被日军发现，因此，只能等战斗打响后再伺机应对。死伤惨重的日军，一面利用车辆辎重作掩护进行顽抗，一面企图以一部兵力抢占公路西侧老爷庙及其附近高地掩护突围。

李天佑命令三营营长周海滨率部迅速抢占老爷庙。

周海滨刚刚接受任务，杨勇就迫不及待地率领三营冲了过去。李天佑也只能无奈地摇摇头，杨勇一向如此，听到枪响就耐不住性子。

杨勇率部出击之时，日军的小股部队已经抢占了老爷庙，于是抢攻变成了强攻。在攻击的过程中，不断有战士倒下，但没有一个人退却。

很快，杨勇带领三营在老爷庙与日军展开了白刃战，刀、枪、拳、牙都成了武器。枪托飞舞，杀声震天；马刀闪亮，敌头落地。在厮杀中的杨勇，突然感到左肩一股热流，左臂肘一阵疼痛，接着鲜血浸透了军装……这已经是杨勇在战场上第四次负伤了。

前三次负伤分别是：第一次是1933年10月，在中央苏区的洵口与敌人的遭遇战中；第二次是在长征中最激烈、最残酷的湘江战役中；第三次是在长征路上的土城战斗中。杨勇的头顶，有子弹伤；右大腿部，有炮弹伤；腮部，有子弹贯通伤；左臂肘部，有子弹伤；左肩，有子弹贯通伤。此时，左臂被子弹击中的杨勇，简单包扎一下伤口，又继续指挥战斗。已陷入四面包围、伤亡惨重的日军拼命扑向老爷庙，企图向北突围。杨勇指挥三营在第一营、二营的协同下，连续打退日军多次进攻。13时许，被围日军在六架飞机掩护下，以密集队形再次向老爷庙高地猛扑。由于双方短兵相接，日机也无从下手，无可奈何，只能晃着机翼怏怏飞离。杨勇和李天佑抓住战机，指挥全团冲下公路，协同兄弟部队对日军实施围歼。

平型关大战，是我军首次与日军交锋，杨勇在这场战斗中遇到了一生中最残忍的敌人。这次的对手是日军最精锐的第五师团第二十一旅团。

平型关战役最终以八路军大获全胜而告终，共歼日军一千余人，击毁日军车辆一百余辆，缴获大量武器装备和军用品，打破了日军不可战胜的神话。

平型关战役中八路军一一五师指挥所

战斗结束后，我军缴获了日军军毯一千多条，经师领导决定，给在医院疗伤的伤病员每人发一条军毯，受伤的杨勇也得到了一条。这块军毯跟随了杨勇整整

红色记忆

十五年。1952年，灵丘籍士兵武锦随中国人民志愿军第二十兵团赴朝，兵团司令员杨勇把毯子送给了武锦，武锦后来把毯子捐献给了平型关大捷纪念馆。

1938年3月上旬，杨勇接任六八六团团长兼政治委员。3月17日，在午城以西伏击日军运输队，截获汽车六辆，击毙日军二百余人。同日，杨勇又指挥三营在六八五团两个连的协同下夜袭午城，歼灭日军一部。18日，杨勇指挥六八六团协同兄弟部队在井沟至张庄公路两侧伏击经蒲县西援大宁的日军第一〇八师团骑兵八百余人和炮兵一个连，连续打退日军数次反扑。战至19日拂晓，日军七百余人被歼。午城、井沟战斗，共歼日军一千余人，焚毁日军汽车六十余辆以及其他大批军用物资。

日军惨败，却不肯罢休，3月下旬又组织一千余兵力进行反扑。这时，国民党第二战区副司令长官卫立煌率指挥机关东渡黄河，在大宁遭遇日军，不敌日军的凶猛攻势，急请八路军一一五师支援。杨勇奉命派三营十连迅速占领白儿岭附近有利地形构筑野战工事，掩护卫立煌部后撤。三营十连抱着与阵地共存亡的决心，顽强激战三个多小时，以伤亡二十余人的极小代价，硬是挡住了八百多名日军在飞机、大炮掩护下的多次猛烈攻击。

战斗中，杨勇陪同卫立煌在指挥所观察战况。卫立煌手持望远镜目睹了交战双方惊心动魄的拼杀场面。八路军战士英勇冲杀的战斗情景，他看得清清楚楚。他见整个阵地在日军飞机、大炮的狂轰滥炸之下，变成了一片火海，便惊诧地问杨勇："战斗打得这么激烈，请问杨团长，在前面山头阻击日寇的贵军有多少个团的兵力？"杨勇微笑着回答："只有一个连的兵力。"卫立煌听了不敢相信自己的耳朵，等连队撤下来，发现果真只有一个连的兵力时，不由得竖起大拇指，连声称赞："八路军真能干！八路军真能干！"

吕梁山三战三捷

"吕梁山三战三捷"是杨勇指挥才能的生动写照。1938年初，杨勇率六八六团随一一五师主力进至汾阳、孝义一带发动群众，开辟抗日根据地。9月，日军为发起大举进攻，派日军一〇八旅团长山口少将，率部进驻吕梁山地区的离石，并在汾阳城内集中大批弹药、粮秣等物资，随时准备起运。这就为杨

抗战时期担任三四三旅旅长兼鲁西军区司令员的杨勇

勇率六八六团打阻击战创造了良好的机遇。一天，杨勇带各营干部到汾离公路观察地形，发现最佳阻击位置薛公岭的对面一个山包上正好设有敌碉堡。这个碉堡，提前拔掉会打草惊蛇，战斗打响后再拔，伤亡太大。怎么办呢？杨勇发扬民主，集中大家的智慧后，做出了打碉堡和打阻击同步进行的决定。他把打碉堡的任务交给迫击炮连连长吴嘉德。

没过几天，杨勇接到情报，敌人车队要出动，便提前设伏。9月14日拂晓，杨勇率领六八六团进抵汾离公路中段吴城镇东南的薛公岭。当日军进入伏击圈后，杨勇首先命令迫击炮轰击日军设在山岭掩护过往车辆的碉堡，三发炮弹全部命中。随后战士们发起冲锋，激战一小时，击毁满载军用物资的汽车二十余辆，除了三人投降外，其他二百多敌人全部被歼。第二天，日军大部队出动，扑了空，只拉走了五车尸体。

前线日军得不到弹药、给养，只好杀马充饥。过了几天，日军又冒险开始运输。一百多名敌兵分乘几辆汽车，仅送一车粮食进行试探，杨勇识破了敌人的诡计，决定先给敌人一点甜头，将这一车粮食作为送给日军的“人情”。

第二天，敌人果然胆子大起来，又出动二百多名敌兵押送十八车物资前来。然而，走到油房坪一带时遭到六八六团和补充团的伏击，全部被歼。

吃了两次亏的日军，成了惊弓之鸟，时时戒备，还在公路重点地段遣重兵设置了据点。

不入虎穴，焉得虎子！杨勇改变了战术，决定冒一下险，将设伏点放在薛公岭东南汾阳县（今汾阳市）王家池附近的公路两侧，在敌人鼻子底下潜伏起来，“出其不意，攻其不备”，再打一个伏击战。20日9时许，日军步骑兵八百余人进入伏击区，杨勇指挥部队突然开火，旋即发起冲击，以一部兵力拦头、击尾，以主要兵力从中间分割，会同六八五团激战一小时，将日军大部歼灭。日军指挥官山口少将也未能逃脱陈尸公路的命运。

日军万万没想到在眼皮底下的王家池却遇见了八路军。三次伏击战，共歼日军一千二百余人，击毁汽车三十余辆。汾阳城门紧闭，接连几天，敌人焚烧尸体，召开“慰悼”大会。而杨勇则在吕梁山区召开了祝捷大会。在锣鼓声中，日军驻汾阳联队司令官送来了一份他们在“慰悼”会上由其全体军官通过的挑战书，大意是：“前与贵军交战，遗憾万千……惟敝军不愿山地作战，愿约贵军到兑九峪平原一带决一雌雄……”杨勇看后笑着对周围的人说：“打仗，就是要以己之长，击敌之短，你有你的打法，我有我的打法，休想用激将法诱骗我们。我们打的是机动灵活的山地游击战，打得赢就打，打不赢就走，不同你拼消耗。真是一封愚蠢的挑战书。”大家听了都哈哈笑了起来。

“吕梁山三捷”作为我军抗战时期的成功战例，广泛流传。

潘溪渡一战成名

1941年1月，担任三四三旅旅长兼鲁西军区司令员的杨勇，在潘溪渡伏击战中，采取“围点打援、设伏围歼”的战法，全歼日伪军，缴获的一门日军九二式步兵炮，至今陈列在中国人民革命军事博物馆中。

1月7日夜，杨勇指挥旅特务营奔赴侯集并对日军展开围攻，同时令第七

团和第二分区一部隐蔽进入郓城和侯集之间的潘溪渡附近预伏地区，打日军一个措手不及。8日凌晨，潘溪渡日军告急求援。面对难得的战机，杨勇决定采取“围点打援、设伏围歼”的战法。当日中午之前，郓城日军一个中队及伪军一部乘汽车四辆，带火炮一门，驰援潘溪渡。当增援的日军进入杨勇率部预伏的区域时，预伏部队立即向预定目标发起攻击。战至8日黄昏，全歼日军一个中队一百五十余人和伪军一个大队四百余人，日军软原少佐被击毙，焚毁敌汽车四辆，缴获九二式步兵炮一门，创造了鲁西平原全歼日军的光辉战例。

潘溪渡之战，日军受挫。杨勇料定日军不会罢休，做好了迎敌准备。果不其然，1月15日，日军第三十二师团、二十一师团各一部共七千余人及伪军三千余人，乘汽车三百余辆、坦克二十余辆，在十余架飞机的掩护下，对鲁西抗日根据地进行“扫荡”报复，企图合击八路军教导第三旅，摧毁鲁西抗日根据地。17日，日伪军对转移至朝城以西苏村、马集地区的鲁西党政机关、教导第三旅旅部、第七团和由冀南地区南下执行战略机动任务的第一二九师新四旅形成包围。杨勇令旅特务营营部率第九连、十连在苏村阻击、牵制日伪军，他和苏振华指挥第七团掩护鲁西党政军机关和新四旅突围转移。特务营营部率两个连与日伪军先头部队一千余人展开殊死搏斗，顽强阻击日伪军多次进攻，完成掩护任务后突围。

杨勇率鲁西党政军机关、部队突围后，采取分散活动、避实就虚、寻机歼敌的方针，组织部队以营为单位结合民兵游击队寻机打击日伪军，积极进行反“扫荡”斗争。到1941年2月6日，杨勇率部共歼日伪军七百余人，胜利地挫败了日伪军的“扫荡”企图，巩固了鲁西抗日根据地。

7月7日，根据八路军总部决定，鲁西军区与冀鲁豫军区合并组成新的冀鲁豫军区，杨得志任司令员，杨勇任副司令员。

1944年春，杨勇回到冀鲁豫抗日根据地。5月11日，冀鲁豫军区与冀南军区领导机构合并为新的冀鲁豫军区，宋任穷任司令员，黄敬任政治委员，王宏坤、杨勇任副司令员。当日，杨勇参与指挥军区部队和地方武装主动出击，在昆（山）张（秋）地区发起作战，一周之内收复戴庙、寿张集、徐桥等伪军据点五十余处，歼伪军一千二百余人，摧毁日伪军寿张至郓城的封锁线，使中心区向东扩展五十多公里。

接着，杨勇又乘势以第七团及地方武装一部进攻清丰县城，伪军于13日弃城逃跑。在日伪军重占清丰县城后，29日，杨勇指挥冀鲁豫军区第八军分区和地方武装，乘日伪军政人员召开庆祝“光复”大会疏于戒备之际，突然攻入城内，再度收复清丰县城，将伪警备队一千余人和伪冀南道道尹及集中在清丰县城开会的全道十三个县的伪县知事、日本顾问全部击毙或俘获。7月31日，杨勇又指挥第七军分区部队采取里应外合手段，智取莘县县城，歼伪军及伪组织人员七百余人。

从8月开始，杨勇参与指挥冀鲁豫军区部队向老黄河以南地区展开攻势。围攻郓城时，守城日伪军闭门坚守不出，部队旋即在东起梁山、西至鄄城五十余公里地区内，展开军事、政治攻势，一周之内连克据点三十六处，歼伪军两千九百余人。此后，冀鲁豫军区部队又先后攻入砀山、肥城、枣强，收复寿张县城。所属第十军分区部队也在菏泽、考城、东明、曹县等地连克日伪军据点二十余处。这次攻势作战，使鲁西南各小块抗日根据地连成了一片。

为响应毛泽东关于“扩大解放区，缩小沦陷区”的号召，巩固与扩大卫河以东和开辟卫河以西地区，冀鲁豫军区于1945年4月下旬，决定发起以攻取日伪军之孤立据点南乐县城为中心的南乐战役，杨勇受命指挥这次战役。他根据守城日伪军情况，决心以第八军分区主力攻取南乐县城及扫清部分外围据点，以第三、第七、第九军分区部队各一部阻击由大名、安阳出援的日伪军。

4月24日夜，攻城部队在火力掩护下从西南和西北迅速攻入城内，旋即对守军实施分割包围，先把小股守军打分散，后集中攻打大股守军。激战至26日中午，全歼守军。与此同时，阻援部队将日伪军外围据点全部拔除，并击退由安阳、大名等处出援日伪军。至27日，南乐战役胜利结束，共歼日伪军三千四百余人，俘伪军三千余人，解放被日伪军占领五年之久的南乐县城及其附近据点三十二处。这次战役，是冀鲁豫军区在局部反攻中首次集中四个军分区部队协同作战，为展开全面反攻积累了协同攻坚作战的经验。

冀鲁豫军区春季攻势的节节胜利，迫使日伪军不得不收缩兵力，加强城市及主要交通要道的守备。

5月，杨勇参与指挥冀鲁豫军区部队发起夏季攻势作战。18日至24日，乘津浦铁路沿线日伪军守备薄弱之机，集中四个军分区部队分左中右三路，在鲁西地区发起东平战役，歼日伪军约两千二百人，解放沦陷七年之久的东平县城。7月20日，杨勇又指挥第一、第四、第七、第八军分区部队，在鲁西地区发起阳谷战役，激战至26日，解放阳谷、堂邑两座县城，击毙伪团长以下三百三十余人，俘伪军三千二百余人。

1945年8月8日，苏联政府宣布对日作战，并指令苏军进入东北。9日，毛泽东主席发表《对日寇的最后一战》的声明。10日，延安总部以八路军总司令朱德名义发布第一号至第七号作战命令，命令各解放区抗日武装部队大举反攻。杨勇和司令员宋任穷、副政治委员苏振华率领中路军十三个团星夜兼程，浩浩荡荡向新乡、开封日伪军占领的城市和交通要道挺进，连克延津、阳武、封丘三座县城。抗战多年，杨勇率部对日作战，仗越打越好，越打越精，成为让日军闻风丧胆的八路军名将，为中华民族的独立、自由和解放立下汗马功劳。

（本文选自中国共产党新闻网，有删节）

抗美援朝空战中的刘震将军

文/林云帆　马宏骄　梁占方

刘　震

刘震，1931年参加中国工农红军，1932年加入中国共产党，19岁担任营政委、团政委，21岁担任师政委，30岁被任命为纵队司令员。1955年，被授予上将军衔。

彭德怀点将　刘震出任志愿军空军司令员

1950 年 10 月 19 日，中国人民志愿军奉命参加抗美援朝作战。当时因病在武汉治疗休养的刘震奉命担任中南军区空军司令员，上任还不到一个月，便接到中央军委的紧急命令：“速进京！有要事相商！”11 月 4 日，空军派一架飞机载着刘震从武汉直抵北京。凭着多年的战争经验，分析当前的国内国际形势，坐在专机上的刘震敏锐地意识到，肯定是有什么新的任务要落到自己的肩上了。

就在当天晚上，刘震根据约定的时间来到空军司令员刘亚楼的办公室。一阵寒暄之后，刘亚楼开门见山地说：“中央军委决定，调你去东北军区空军工作，任务是准备组建志愿军空军参加抗美援朝作战，你将担任志愿军空军司令员。”

听到刘亚楼的话，刘震愣了一下，心里想：本来由陆军改行当空军时，我就很不情愿，现在竟要带空军部队参战了！这个弯子转得太急、太猛了，他一时转不过来，说道：“搞陆军建设和作战指挥我还有点办法，但搞空军作战指挥却毫无经验，还是让我回中南空军工作吧，等日后空军进入了抗美援朝战场，我可以随时去学习。”

刘亚楼

刘亚楼表情很严肃，他告诉刘震：“10 月初，金日成派人告诉毛主席，在朝鲜战场上，敌人利用千余架各种飞机，每天不分昼夜地轰炸朝鲜的前后方，他们急盼中国人民解放军直接出师支援，尤其是空军，起码要有必要的空军师。”

刘亚楼顿了顿，接着说：“中国和苏联原先商定，抗美援朝，中国出陆军，苏联出空军。但是，‘老大哥’突然不干了。为此，周总理亲自去莫斯科会见斯大林，但也未果。”

最后，刘亚楼用不容置疑的语气说：“我们同在四野工作过，我了解你会打仗。你这次工作的变动，是志愿军司令员彭德怀和东北军区司令员高岗点的将，是经毛主席批准了的！”望着刘震，刘亚楼接着说，“人民空军是刚刚从陆军基础上建立起来的一个新的技术军种，大家都没有经验，只能摸索着去干，困难肯定会有的，但也要看到有利条件。”

原来，彭德怀担任志愿军司令员后敏锐地意识到，志愿军的高级将领都是熟悉地面作战的，可进驻东北的这段时间，美国空军的狂轰滥炸使得他们中的许多人感到眼花缭乱了。这一时期，不断有人向他反映：以往的战争，我们没有空军。但是我们的对手也从来没有在这么小的范围内集中过这么多的空中铁翼啊！他深知将领们最担心的是我军在

出国作战时是否有来自空中的支援。为了打消压在他们心头的忧虑，也为了真正做到知己知彼，彭德怀司令员和东北军区司令员高岗急电中央军委：“我军出国作战时，军委能派多少战斗机和轰炸机掩护？何时出动并由何人负责指挥？盼速示！”最后，还点到了一个人的名字，就是刘震。

得知了这些情况，刘震热血沸腾。作为一名军人，还有什么比信任更重要、更珍贵呢？他迅速站起来，说：“坚决服从命令！困难再大，我也要干好！”

刘震运筹“一域多层四四制”战术

1951年3月15日，志愿军空军领导机构在安东（今丹东）正式成立。经过短暂的突击训练，立即开始参加实战。根据毛主席“采取稳妥办法好”的指示精神，决定先由空四师以大队为单位开赴前线，在苏联友军的带领下进行实战锻炼，以揭开空战序幕。

随着空战规模的扩大和美空军战术的改变，志愿军空军在集中兵力、编队协同、空地指挥等方面的问题越来越明显。刘震想，在这种情况下，我军迫切需要有一套适合客观情况的作战方法。他认为，我空军属参战初期，以小编队、多梯队和多层配置作战为宜，采取多批小编队、多层次进入战区，集中兵力于一个空域，并力求保持四机或双机协同作战。这样就灵活得多，也容易争取主动权。

1952年4月，刘震草拟了“一区两层四四制”空战战术原则，并对这一作战原则作了具体、全面、系统的说明。随之，各参战部队进行了广泛深入的讨论，并在实战中进行检验，不断得到完善，其名称也最终确定为“一域多层四四制”，它的基本含义是：同批同梯次机群，以四机为单位，按不同间隔、距离、高度，采取层次配备，构成小编队、大纵深的战斗队形，按照统一的作战意图，以长机为核心，在目视联系或战术联系的范围内，保持一致，相互协同作战，体现了在空战中以优势兵力歼灭敌人的原则。

在刘震的大力倡导下，各部队掀起学习空战战法、战术的热潮，战斗能力不断增强，仗越打越精，并涌现出诸如“英雄的王海大队”等先进集体和击毙美国“王牌”飞行员戴维斯的张积慧等空中战斗英雄。

特殊的飞行　刘震冒险送友军

在指挥志愿军空军参加抗美援朝的战斗中，刘震不会忘记苏联空军派出的部队在配合志愿军空军作战方面所起的重要作用，他们之间结下了深厚的战斗友谊。其中，有一段冒险送友军的特殊飞行，深深地烙在了刘震的脑海里。1952年12月8日，苏联空军阔日杜布英雄师奉命回国。当时，刘震正在沈阳。军委空军负责同志给刘震打来电话：“今晚8时在安东设宴欢送苏联友军。此事本应由上级派人代表毛主席宴请并授奖，但现在北京正下着鹅毛大雪，飞机无法起飞。经请示，毛主席批准由你代表毛主席主持欢送宴会，并给该师授奖。”

刘震接完电话已是下午4时了，离宴会开始的时间只有四个多小时。此时出发，无论是乘火车还是乘汽车都无法赶到，而当时沈阳正下着大雪。按照运输机飞行员当时的技术水平，在这样的气象条件下他们是不能飞行的。怎么办？刘震想这是毛主席和军委首长对自己的信任，也是上级交给自己的光荣任务，无论如何自己都必须出席，而且要按时赶到。

想到这里，刘震立即把运输机机组的全体同志找来，和他们一起研究制定飞行计划，确定飞行航线。最后决定：先通知安东浪头机场把导航台打开，飞机起飞后对准导航台直飞浪头机场。计划确定后，刘震问机长："你们看这样可以吗？"机长自信地回答："只要着陆机场的天气好，我想是没有问题的！"一切都按照计划进行，但当飞机上升到三百米高度时，却出现了意想不到的问题——飞行员什么都看不见，飞机就像是钻进了一个黑布口袋。机长有些紧张，就向刘震报告："现在天气太坏了，如果这样飞下去，我想是没有把握的！"此时的刘震却格外地镇静，他对机长说："你们先把飞机飞到辽阳上空看看那里的情况怎么样？"

按照刘震的指示，机组人员在黑暗中摸索着，终于飞到了辽阳的上空。到那里以后，透过阴云的缝隙大家终于看清了地面的景物。刘震对机长说："现在，我们可以进山看看，但是你们必须注意飞行高度至少要高于山头五百米，以保证不致撞到山头上。"飞机又飞行了一个多小时，还是没有到达安东的上空，刘震便怀疑是迷失了航向。又继续飞行了半个多小时，仍没有到达目的地，刘震肯定地说："一定是迷航了，我看不能继续向前飞了。"当飞到图们江上空时，刘震和机组人员几乎同时看到了图们江上的大铁桥，刘震立即问领航员能否设法复航。领航员的回答令刘震失望："现在飞机的确切位置搞不清楚，飞机无法复航。"

面对这样复杂的情况，刘震表面上非常平静，但内心却有些焦急，他亲自跑到副驾驶的位置上帮助机组人员复航。

由于这位领航员是刚从航校毕业的学生，没有实战经验，而机长也有些紧张，亦搞不清应如何复航。刘震说："不能继续往南飞了，我们来一个右转弯不就马上可以飞到朝鲜西岸了吗！"听了刘震的话，机长马上说："现在耳机里听到的声音，有讲英语的，有讲俄语的，还有讲汉语的，可能正在进行空战。"刘震说："不管它，就按照右转弯向西海岸飞。但千万要注意，绝对不能飞出云层。"

刘震将军夫妇在哈尔滨

刘震想，飞机在云层和大雪的掩护下再来一个右转弯向北飞，就正好对准鸭绿江了。然而，此时的刘震和机长都大意了，他们忽视了一个问题，那就是拉古哨是禁区，任何飞机一进入禁区，地面防空部队就要开炮射击。

果然，当刘震的飞机进入拉古哨禁区时，我地面防空部队就认为南边来的大飞机，一定是敌人的轰炸机，部队马上进入了一级战备状态。幸好部队指挥员比较慎重，在开火之前向志愿军空军司令部报告了情况。志愿军空军作战值班人员立即答复，那是刘震乘坐的运输机，由沈阳起飞，迷失了航向，可千万不能打啊！就这样，刘震及其随行人员又避免了危险。

飞行员由迷航到复航，非常高兴。可能是由于兴奋，准备着陆时，飞机下降到跑道上空一百米时还没有放下起落架。如果这样着陆，将会发生危险。幸好空四师的信号员及时发现了这一问题，迅速打出了红色信号弹，禁止飞机着陆。经过处置后，刘震乘坐的这架运输机终于安全着陆了。

飞机落地以后，苏联空军的军长和即将回国的部队的师长阔日杜布立即迎上前来，热烈地同刘震拥抱，祝贺他几经危险，终于完成了这次飞行。那位军长说：“运输机飞行人员的技术还不够熟练，这次飞行真是太危险了！”

刘震激动地说：“军长同志，这也不能全怪我们的飞行人员，是我决定冒险飞行的。因为我是奉命代表毛主席来欢送你们归国并授奖的，这次飞行是有特别意义的！”

抗美援朝战争中，志愿军空军在刘震的正确指挥下，由不会打仗到学会打仗，由苏联空军协同作战到单独作战，由打十几架飞机的小仗到打数百架飞机的大仗，由单一机种作战到尝试多机种协同作战，由昼间简单气象飞行条件下的作战到夜间复杂气象条件下的作战……战、勤人员及各级指挥人员和指挥机关都得到了实战锻炼，为人民空军不断壮大奠定了坚实的基础。

（本文选自《文史月刊》，有删节）

抗日英雄苏剑飞

文 / 宫玉春

在长白山下的抚松县北岗镇镇北，苍松掩映着一座高大的纪念碑，这是抚松县人民为杨靖宇将军的得力部下和亲密战友——苏剑飞烈士竖立的纪念碑。巍巍长白山，绵绵松江水，到处传颂着东北人民革命军第一游击大队大队长苏剑飞英勇抗日的故事。

举旗抗日

苏剑飞，1907 年出生于黑龙江省双城县（今双城市）的一个仕宦家庭。民国年间，父亲在吉林省警官讲习所任所长兼教官，伯父在河南镇守使手下当团长。苏剑飞年幼时，美丽贤淑的母亲就去世了。父亲只好把他送到河南伯父家里，由伯母把他抚养成人，并顺利地读完了小学和中学。中学毕业后，他自愿到一个印刷厂当工人。1925 年，苏剑飞因父亲病危，返回家乡，并于当年到吉林铁路当了警察。第二年，他转到东北陆军六七六团王树棠部当兵。1929 年，入吉林军官训练所受训，之后回到原部队任排长。

年轻的苏剑飞头脑聪明，相貌伟岸，学识超群，胆略过人，兼有权有势的家庭背景，完全可以在升官发财的道路上飞黄腾达。但是，他却常常深思在学校乃至军官训练所学过的中国历史，深思中华民族由强盛到衰败的原因，深思当工人期间体验到的劳苦大众遭受的万般苦难。他常常忧国忧民，恨无救国救民之良策，并多次暗下决心要为中华民族的强盛干一番大事业。

九一八事变爆发后，日本侵略者加速了侵略中国的步伐，而南京国民政府又采取不抵抗政策。短短不到三个月的时间，日军就占领了整个东北。自己的上司王树棠也投靠了日本侵略者。苏剑飞看到日本侵略者到处烧杀掳抢，骨肉同胞血流遍地，再也按捺不住愤怒的火焰。他痛斥王树棠认贼作父、叛变

祖国的可耻行径，决计离开王树棠。他说：“宁愿在战场上被打死，也决不当亡国奴！”

从王树棠处离开后，他彻夜难眠。他深深地懂得“国家兴亡，匹夫有责”这一道理，反复认真地思考着如何抗日救国。

这时，他看到了义愤填膺的广大爱国军民纷纷举起抗日救国的大旗，以武装斗争的形式打击侵略者。1932年3月，伪吉林警备第五旅五团三营营长田霖，在蛟河新站率领全营爱国官兵起义，组成了吉林人民抗日自卫军。苏剑飞眼前一亮，毅然决定追随田霖。经过短时间的串联和各种准备，苏剑飞于4月初宣布起义，转战于珠河、五常一带，发动群众，进行抗日宣传和斗争，并取得了多次胜利。不久，他带领部队开到舒兰县（今舒兰市）境内，加入田霖领导的抗日自卫军，担任第一团一营营长，开始走上了抗日救国的道路。

智斗顽敌

苏剑飞受过专门的军事训练，清楚人民革命军战士面对的是什么样的敌人。因此，他时时刻刻都在设法提高官兵的作战技能。他除了言传身教训练战士们的枪法外，还结合每次战斗的实际情况，教给大家灵活的战略、战术。他告诉战士们：“我们与敌人拼刺刀不要一对一，要三对一或四对一，三四个战士对付一个日本鬼子；同时拼刺刀时子弹要上膛，拼得过就拼，拼不过就开枪。”还说，“要随时随地带着手枪，若是被敌人抱住了，只要手能动，就掏出手枪来击毙他。总之，不管用什么方法，只要能够打击敌人，就是我们的胜利。”开始战士还不太理解他的打法，经过几次战斗后，就对他心悦诚服了。每当春天来临，大雪表面结成一层硬盖时，苏剑飞就学着猎人的样子，领着战士用树条子编成直径三十厘米的圈子绑在脚上，这样在雪地上走起来，就不至于掉进厚雪中，速度还快多了。苏剑飞不仅是一位有丰富战斗经验的指战员，而且还是一名从不放空枪的神枪手。他平时没有时间教战士们练枪法，他就抓住每次战斗的战前埋伏时间，领着战士们练枪法，学习瞄准等动作。战斗开始后，战士们就拿敌人当活靶子，打

死一个记十分，打死十个记一百分，就能成为大队评选神枪手的候选人。

苏剑飞不仅教给战士怎样打击敌人，而且他也认真对待每次战斗。他说：“我军与日寇打仗，敌强我弱，不能轻敌，要采取打得赢就打、打不赢就走的战术。”他常常派出侦察员详细了解敌情，或者半夜爬到电线杆子上，窃听日伪军政的电话，根据敌情，决定战术。由于知己知彼，他常常在日伪军“讨伐”人民革命军时，带领战士埋伏在中途，先讨伐了敌人。

他带兵打仗，只要能智取，绝不硬拼，总是千方百计地保存抗日力量。1935 年，在苏剑飞率部进军抚松去攻打福兴岗的途中，与曾多次交火、并受到挫败的伪军相遇。于是苏剑飞同伪军交涉：只要让人民革命军跨过两江口就不打他们。伪军有意为难苏剑飞，提出：过两江口可以，要比一比枪法，但不准苏营长（大队长的代称）亲自动手。条件是要打中天上飞的乌鸦脑袋，若打在乌鸦身上就算输，输了就不准过江。苏剑飞胸有成竹地点头答应了。因为他心里清楚，在自己的部队当中百发百中的神枪手不乏其人。他点名让王振生出列，王振生举起枪，对准天上飞着的一只乌鸦，叭的一声，乌鸦落地。伪军捡起来一看，乌鸦的脑袋被打得粉碎，却没碰着身上一根毛。伪军仍不同意过江，因为他们本来是想以此为难人民革命军，没想到抗日战士果真是神枪手。就在这时天上又飞过来几只麻雀，伪军又提出要一枪打中天上麻雀的脑袋。话音刚落，王振生强压怒火，举枪打中麻雀的脑袋。人民革命军的战士两次应战都赢了，伪军只好放行。

在苏剑飞的队伍中，这种智取的故事不知有多少，被人民革命军战士传为佳话。

苏剑飞既懂军事理论，又有作战经验，是东北人民革命军中难得的指挥官。因此，他常常被杨靖宇将军召去共同研究作战方案。战士们都知道苏大队长是杨司令的左膀右臂。

1935 年 2 月 10 日，苏剑飞跟随一军司令部联合抗日军一起攻打湾沟镇的日伪据点。杨靖宇为总指挥，队伍分成三路：右路由一军一师师长兼政委李东光指挥；左路由南满第二游击大队大队长王玉海指挥；中路由苏剑飞指挥。总攻开始后，守敌李寿山部凭借炮楼的密集火力，负隅顽抗，我军发起多次进攻均未奏效。这时，富有战斗经验的苏剑飞综合分析了敌情，命令本部集中所有轻重火力封锁正面碉堡的枪眼和两侧交叉火力点。顿时，子弹像雨点般地射进敌人碉堡，压住了敌人的火力。苏剑飞端着机枪率领战士们迅速攻进去，取得了这次战斗的胜利。

苏剑飞还常常带领部下引蛇出洞，等敌人从据点里钻出来“讨伐”时，就迅速撤离，将敌人吸引到有利于我军的作战地点，一举歼灭他们。其速度之快令人难以相信，所以敌人称苏剑飞率领的游击大队为“草上飞”。有一次苏剑飞率队牵出一股敌人，便在敌人必经之路上设伏，挖了一些雪坑作为掩体，雪坑前边插上树枝，战士们到达伏击区后，立即钻进掩体。愚蠢的敌人不顾追击目标突然消失，还拼命地追。战士们蹲在掩体里，听见追上来的敌人不停地咒骂：“像猴子似的，一会儿就没影儿了。”战

士们暗笑：你先骂吧，一会儿你就再也骂不了了。等指挥枪响起，战士们的枪立刻打过去，许多敌军还没有明白是怎么回事，就被打死了。战士们一拥而上与敌人拼起刺刀来，在短短的时间内就消灭了敌军。

苏剑飞的抗日活动，极大地鼓舞了当地的老百姓和邻县的劳苦大众，引起了驻通化的日本侵略者的极端恐慌，惊呼“苏的以那尔轰镇为根据地，号称人民革命，纯属‘共匪’，比‘胡子’还坏。”1934 年 10 月，日军浅野支队长和龟田小队长纠集县警察大队桑文海、孙德仲中队进驻那尔轰，妄图消灭苏剑飞领导的南满第一游击大队，“拔掉”那尔轰根据地。正率队在外地进行抗日活动的苏剑飞得到消息后，仅率部分部队赶回那尔轰，就把伪警察中队长孙德仲等吓得心惊肉跳，不战自逃。

血洒白山

苏剑飞率领的南满第一游击大队有力地打击了日本侵略者，敌人闻风丧胆，多次要置苏剑飞于死地。1935 年 2 月 11 日湾沟战斗后，部队向老坡口进发，途中在老坡口西南与从抚松县和临江县前来增援的伪军相遇，敌我为争夺老坡口西南的高地展开了激烈的战斗。苏剑飞精心布置了我军火力，手持一挺机枪率部冲上了高地，抢占了有利地形。就在他冲上高地时，一颗罪恶的子弹击中了他的左腹，但他并未离开战场，只是简单地包扎了一下，又继续指挥战斗。激战几小时后，两股伪军被迫逃遁。我军毙伤伪军数十人，缴获长短枪十余支，战马八匹。战斗结束后，杨靖宇将军派二师师长曹国安率队返回抚松，一方面让苏剑飞疗伤，另一方面开辟新的根据地。部队开回抚松县后，一军二师和第一、第二游击大队在头道砬子河成立了统一指挥机关，由苏剑飞担任总指挥。他就这样，在缺医少药的条件下养伤，在艰难困苦的环境中带病工作。

苏剑飞带着枪伤率领部队去夹皮沟同杨靖宇会合。在汤河口子遇上了敌人三辆汽车，他不顾腹部伤痛，指挥战士劫获了敌人的汽车，补充军需。见到杨靖宇将军听取指示后，又率部回到头道砬子河。

两个月后，苏剑飞又制定奇袭日军的战斗方案。1935 年 4 月 12 日，由副总指挥曹国安和王玉海率二师和第二游击大队，按苏剑飞制定的作战方案袭击了由“大同植产会社”经营的老金厂金矿，给日军冈部警备队和伪警察沉重打击。打死打伤日伪军多人，缴获机枪一挺，长、短枪十余支及其他战利品，并焚毁大批建筑材料和矿区主要设施，使矿区一度陷入瘫痪。

1935 年 4 月 20 日晚，苏剑飞率三百余人分五路攻打抚松万良镇。万良镇位于县城北部，是东满抗日游击队根据地通向南满抗日游击区的交通要冲。这里常驻李文山的伪警察大队、吴显廷的伪警察游击队和宋庆云的伪自卫团武装。不料深夜又有一百多伪军开进万良镇。21 日 0 点战斗打响后，苏剑飞在万良河东山根的一所民宅里，指挥部队迅速包围了伪警察李文山中队和吴显廷游击队。打死伪警察游击队长吴显廷，击伤伪警士秦玉增、武风桐和伪自卫团副李清荣。这时突然在我军背后响起了枪声，又一股敌军包围上来，在腹背受敌，处境十分危险的情况下，苏剑飞果断地命令部队撤出战斗，经小东沟、木把沟向砬子河方向转移。当部队撤到四道崴子时，伪警察和伪军尾随上来。为了确保大部队安全，苏剑飞命令曹国安率主力部队渡江向桦甸转移，自己率领第四支队断后。当大队人马撤出后，他发现担任掩护的机枪班被敌人包围。于是不顾个人安危，端着机枪，冲上高地，向敌人猛烈扫射，接应机枪班的战友们冲出包围圈。他们边打边撤，终于摆脱了尾随的敌人。但是，苏剑飞却因过度疲劳和冲杀中用力过猛，腹部尚未痊愈的伤口崩裂，口鼻出血，逐渐神志不清，只好由战士们背着行进。

当部队撤到四道砬子河后，汉奸宋庆云领着抚松伪警察大队长王永诚和日本指挥官下川茂登次率领的日伪军警追了上来。交战中苏剑飞偶尔醒来，还举起手枪击毙了两个敌人。他意识到，如果再打下去，对我军非常不利，必须马上撤退。他断断续续地说："我已经不行了，为保存人民革命军的力量，要千方百计地减少牺牲，摆脱敌人的追击，让我留下掩护……"说着又昏了过去。

第四支队长率领全支队战士在林子里保护着苏剑飞，采取捉迷藏式的战斗，打了三个多小时，才把敌人甩掉。

1935年4月22日中午，部队抵达抚松北岗镇高四爷小山南坡的一个小场院时，准备稍歇一下脚再走。由于连续行军和频繁的战斗，极度疲劳的战士，有的脚步刚停下来就睡着了。汉奸宋庆云又领着伪警察大队偷偷地包围上来。在突围中，苏剑飞又身中数弹，壮烈殉国，年仅二十八岁。

英勇善战、才华横溢的苏剑飞为中华民族的解放流尽了最后一滴血。松涛呜咽，高山垂首。杨靖宇将军听到苏剑飞牺牲的消息，痛心不已，他含泪命令鸣枪悼念战友，誓为战友报仇雪恨。

（本文选自中国青年网，有删节）

被捕遇害的革命夫妻写血书诀别初生女儿

文 / 冯晓蔚

陈　觉

陈觉（1903 年—1928 年），原名陈炳祥，1903 年出生于湖南醴陵泗汾镇一个富裕家庭。1925 年加入中国共产党，1928 年 10 月被人杀害，时年二十五岁。

赵云霄（1906 年—1929 年），河北阜平人，1924 年冬，加入中国社会主义青年团。1925 年夏，加入中国共产党。1925 年冬，由党组织选送到莫斯科中山大学学习。1927 年 9 月，同陈觉一起回国，由党组织派往湖南领导农民武装斗争。1928 年 4 月，奉命调到长沙，从事地下工作。1928 年 9 月，因叛徒告密被国民党逮捕。

苏联留学结伉俪　领导农运遭失败

1927年7月，中国革命进入低潮，工农群众在共产党的领导下，进行反抗国民党屠杀政策的武装斗争。留苏的党员学生纷纷被派遣回国，从事苏维埃运动。9月，陈觉和赵云霄取道东北，回到上海，与地下党组织取得联系，在法租界云南中路党中央的秘密机关，见到瞿秋白、李维汉等，接受了去湖南工作的任务。

11月初，在湘东这块土地上刚刚爆发了秋收起义，工农武装的主力部队随毛泽东上了井冈山，国民党势力卷土重来，实行残酷的“清剿”。醴陵的党组织发动农民夺取敌人武器，在西一区成立了醴陵游击营，由周云甫任营长。陈觉、赵云霄与湘东特委书记滕代远、省委军事特派员陈恭来到醴陵后，立即与县委一起领导武装建设，开展革命斗争。

1928年春，中共湘东特委和醴陵县（今醴陵市）委组织了著名的醴陵年关暴动。陈觉担任省委特派员，指导了这场斗争。为彻底推翻地主豪绅反动统治，广大农民军在党的领导下，乘着湘桂军阀在湘混战、县城敌兵数量不多的机会，于1928年1月27日，由南乡出发直扑县城，血战一整天，未能攻下。接着又于2月27日，第二次向县城发动总攻，此次所到工农武装群众在五千人以上，但由于行动不统一，城内又无内应，农民军虽与敌人进行了英勇的战斗，终因组织不坚强，武器不佳及缺乏经验，未能取得胜利，被迫撤退。

陈觉、赵云霄居住的阳三石火车站工人宿舍，离县城只有五里。当时白色恐怖相当严重，他们就在敌人的鼻子底下工作。白天，在这里研究工作、草拟文件；晚上，外出活动，发动群众斗争。当时，陈觉与县委书记林蔚负责指导南区的土地革命。他们跋山涉水，先后在大樟、栗山坝、贺家桥等地领导农民开展“打土豪、分田地”的斗争，建立了以泗汾为中心的三十五个乡的苏维埃政权。

1928年4月，湘桂军阀混战结束，湖南全省“清乡督办署”在长沙设立，以湘鄂临时政务委员会主席程潜兼督办、何键任会办，派鲁涤平率第八军的第十二师、第六军的第十八师共两万多人，配合“清乡队”“挨户团”，重点进攻湘东的萍乡、浏阳、醴陵三县，高叫“茅草过火，石头过刀”。醴陵农村苏区遭受了一场“血洗火烧”的浩劫。在半个月时间内，被杀害的革命干部、党员三千多人，群众一万多人，房屋被烧毁一千二百多栋，工农武装被打散，一部分人由刘型率领上了井冈山。全县各级党组织遭受到严重破坏，陈觉、赵云霄被调往长沙省委机关工作，与国民党进行地下斗争。

夫妻俩不幸被捕　拷打诱降志不移

1928年夏，陈觉被派往常德，组织湘西特委，赵云霄因有身孕，且是北方口音，不宜下乡，便留在长沙看守机关，负责各地的联络。

9月中旬的一天，赵云霄出外送通知，回机关的路上，不慎被叛徒发现。她回到住处，听到敲门声，发现暗号不对，便立即销毁了文件，悄悄在窗口挂上了报警信号，情绪镇定地打开了门。进来的两个人告诉她，是陈觉让他们来取文件的。赵云霄要赶他们出去，那两个人露出狰狞面目，冷笑着说：“那就麻烦你走一趟了！”

在长沙“清乡督办署”，一个审判官举起一个卷宗，得意地说：“你不是一个寻常的共产党员，在莫斯科喝过洋墨水，你和陈觉的情况，早已由我们立案了，你还是老实说了吧！”

赵云霄瞟了他一眼，冷冷地回答：“既然已经知道了，你就判吧！要杀要剐，都随你便！”说完，她坐在靠墙的板凳上，任凭审判官发问，一言不答。审判官无奈，只好命令几个士兵把她推上一辆囚车，送往陆军监狱署。

10月初，又一辆囚车停在长沙陆军监狱署门前。铁门打开，从囚车里跳下几个荷枪实弹的国民党军警，吆喝着一个戴着脚镣手铐的青年下车，他衣衫褴褛，头发蓬松，满身血污，显然，他经受了一番审讯拷打。这个青年就是陈觉。

陈觉于一个月前被派到常德，以开药铺为掩护，主持湘西特委的工作。可是，他的行踪还是被叛徒发现了。国民党士兵包围了药铺，他越窗逃跑未成。初审他的常德军事指挥陈嘉佑被骂得恼羞成怒，又不敢擅自处决，只好派兵将陈觉转至长沙。

何键知道陈觉是个“大有油水”的人物，对赵云霄也暂时不做处置，目的在于使他们夫妻就范，将湖南党组织一网打尽，然后便可命令手下的一个法官出面劝降。

陈觉到长沙后，被带到“清乡督办署”的后厅，一个秘书在那里等候。秘书把他让进会客室，满脸堆笑地解释说：“今日何法官请你过来谈话，他还有点事，马上就来。”

一会儿，从后花园那边走进一个满脸横肉的家伙，奸笑着迎过来，边走边打招呼：“老弟，我来迟了，听说你在常德吃了不少苦，是我从那里把你要过来的。好险呀，他们差点把你给崩了。”说着，他吩咐手下的人给陈觉打开镣铐，又递上一杯热气腾腾的浓茶，说自己叫何彦湘，家住醴陵泗汾何家垅，与陈觉的父亲陈景环要好。接着又劝道：“俗话说，美不美，山中水；亲不亲，故乡人。我们有话好说。刚才，我从芸樵公（指“清乡督办署”会办何键）那里来，他说，只要你肯把共产党的组织供出来，就立即释放你们夫妇，还可以……”

陈觉明白这是敌人劝降的花招，漫不经心地听着，但当何彦湘讲到这里，他实在忍不住了，蓦然立起，往桌上猛击一掌，厉声地说：“住口！你这个无耻的东西，替何键当说客，想拖着我与你们同流合污，办不到！”

这突然的一击一喝，何彦湘一愣，心想发作，但又不死心，故作矜持道：“年轻人，不要这样暴躁。要死还不容易，可我是替你着想，你还年轻。人生几何，应享天伦之乐，何必白白送死呢？”

陈觉“呸”了他一口，义正词严地揭露了这群刽子手只图自己升官发财，不惜以屠杀工农为职业，干尽了祸国殃民的坏事。何彦湘听了，脸皮青一阵，白一阵，咆哮起来：“不识抬举，来人呀，把他拖下去打！”

监狱的铁门一打开，难友们以关切的眼光注视着这位新来的同志。男女牢房由一条走廊连着，赵云霄看到铁栅栏外被架进一个血肉模糊的人，正是自己日夜思念的丈夫，她心如刀绞。她扶着铁栅栏，眼泪落下来，高声叫着陈觉的名字。陈觉听到妻子的呼唤，甩开狱警，跌跌撞撞地扑上前去，隔着铁栅栏拉住赵云霄的双手，任凭狱警厮打，也不放开。

在监禁的日子里，在难友们的帮助下，陈觉和赵云霄通过递纸条联系，互相鼓舞，互相激励。

夫妻同判死刑写血书　从容赴死留下英名励后人

不久，“惩共法院”的判决书下来了，以“策划暴动，图谋不轨”的罪名，判处陈觉、赵云霄死刑。赵云霄自知必死，早将生死置之度外，只提出因身有孕，待生下小孩再临刑，“法院”被迫同意延期执行。

10月10日，陈觉在就义前给妻子留下一封诀别书，写道：

云霄我的爱妻：

这是我给你的最后的信了，我即日便要处死了。你已有身孕，不可因我死而过于悲伤。他日无论生男或生女，我的父母会来抚养他的。我的作品以及我的衣物，你可以选择一些给他留作纪念。

你也迟早难免于死，我已请求父亲把我俩合葬。以前我们都不相信有鬼，现在则惟愿有鬼。“在天愿为比翼鸟，在地愿为并蒂莲，夫妻恩爱永，世世缔良缘。”

……到如今已是死生永别了，前日父亲来时我还活着，而他日来时只能看到他的爱儿的尸体了。我想起了我死后父母的悲伤，我也不觉流泪了。云！谁无父母，谁无儿女，谁无情人！我们正是为了救助全中国人民的父母和妻儿，所以牺牲了自己的一切。我们虽然是死了，但我们的遗志自有未死的同志来完成，大丈夫不成功便成仁，死又何憾！

此祝

健康！并问王同志好！

觉　手书

一九二八年十月十日

10月14日，刽子手将陈觉、王希闵等一批共产党员五花大绑，推出监狱，押上囚车。他们面对死亡，放声大笑，集体高唱：

我们的革命有钢铁的意志，
英雄的气魄。
我们要斩断道路上的荆棘，
冲破黎明前的黑暗。
革命的暴风雨海啸般的狂吼，
烈火般的燃烧。
叫一切不合理的制度毁灭，
叫一切反革命势力死亡。
为了后一代的幸福自由，
我们愿——愿把牢底坐穿；
为了庄严的共产主义事业，
我们愿——愿流尽最后一滴血。

雄壮的歌声飞出车外，在长沙上空回荡，囚车开过湘江，他们被集体杀害于岳麓山穿石坡。陈觉时年不满二十二岁。

赵云霄得知陈觉壮烈牺牲的消息，悲恸欲绝。四个月后，即1929年2月11日，她在狱中生下一个女婴。云霄征得大家意见，给婴儿取名“启明”，意思是在黑暗中盼望破晓。

牢房里人多，空气混浊，婴儿缺乏乳汁，饿得哇哇直叫，身体很孱弱。牢房的铁窗开得很高、很小，太阳照不进来，尿布无法晾干，赵云霄只得将尿布缠在腰上，垫在床上，用体温暖干。赵云霄日夜抱着刚出生的婴儿，贴在自己的胸口上。可是，婴儿依偎着母亲才一个月，灭绝人性的“惩共法院”就对云霄下毒手了。

1929年3月24日，赵云霄接到“惩共法院”的死刑判决书。她搂着婴儿亲了又亲，吻了又吻，就着昏暗的油灯，

给初到人世的女儿留下了遗书：

启明我的小宝贝：

启明是我们在牢中生你的时候，为你起的名字，这个名字是很有意义的。因为有了你四个月的时候，你的母亲便被湖南清乡督办署捕于（到）陆军监狱署来了。当时你的母亲本来（是）立时（处）死的罪，可是因为有了你的关系，被督办署检查了四五次，方检查出来，是有了你，所以为你起了个名字叫启明（与你同样出生一个叫启蒙）。小宝宝！你是民国十八年正月初二日生的，但你的母亲在你才一月有余十几天的时候，便与你永别了。小宝宝，你是个不幸者，生来不知生父长什么样，更不知生母是何人？小宝宝！你的母亲不能抚养你了，不能不把你交与（予）你的祖父母来养你。你不必恨我，而（要）恨当时的环境！

……你可记着，你的母亲是二十三岁死的！小宝宝！望你好好长大成人，且好好读书，才不（辜）负你父母的期望。可怜的小宝贝，我的小宝宝！

你的母亲于长沙陆军监狱署泪涕

一九二九年三月二十四日

3月26日，赵云霄喂完最后一次奶，把启明留给了难友，被刽子手架走了……

陈觉、赵云霄这对革命夫妻为中国人民的解放事业，献出了宝贵的生命，历史将会永远铭记他们，人民也将永远铭记他们！

（本文选自中国共产党新闻网）

革命烈士李振亚在琼崖的日子

文/邱德盈　周芝德

李振亚

飘渡琼崖

“老李，去琼崖的路途复杂，要特别注意安全。那两箱东西（指电台）另派人运送到西营，你到广州湾稍候一些时间，待东西运到一起运去琼崖……”广东省委书记张文彬同志和香港八路军办事处主任廖承志，一路漫步送行，一路语重心长地叮嘱。

被送行者是李振亚夫妇。李振亚听了张文彬和廖承志两位同志传达的中央军委指示，要调他到琼崖工作，他毫不犹豫地表示服从中央命令。他和爱人王超同志，以归侨商人的打扮，握别了送行的领导，随着琼崖特委派来引路的交通员张瑞民同志，从香港乘船出发，漂渡琼崖。

船到广州湾（湛江）西营时，因那两箱“货”未到，而暂在一家小楼等候。一直等了十多天，仍未见“货”到。李振亚急了，担心“货”出了事。

“老李，两箱‘货’运到了，我们启程吧！”张瑞民欢喜地把李振亚带上一艘木帆船。船工们把白帆往桅杆上一拉，帆船好似一只小蝴蝶，在蓝色的海洋、白色的浪花中飞舞。经过一段较长的航程，到了徐闻的打银村。这里有琼崖特委的中转站，中转站正安排我党的几位地下工作人员渡海，于是与李振亚夫妇同船。正欲开船，一位老船工说：“风向不佳，需稍候一会儿再开。”于是交通员把李振亚等几个人引到村中一所小学休息。

“你们是哪里来的？”两个地方保安兵前来盘问。

“我们是在西营做生意的，因日寇飞机轰炸西营，无法做生意，只好回海南老家！”交通员与两个保安兵对话。李振亚夫妇和其他几个人不出声，一切问题都由交通员应答。两个保安兵听到是海南口音，半信半疑地又问：“你们船上装的是什么货？”

“是一些行李和少量货物。”

“走！带我们去看看！”一个保安兵命令交通员带他们上船去检查。

李振亚见势不妙，干咳了一声，向几个地下工作人员使了个眼色，一起跟他们到海滩边，准备万一敌人搜出电台，就立即采取行动。

两个保安兵看到李振亚等人紧跟在后面，觉得不是滋味，于是站上船头往舱里扫了一眼就上岸走了。

敌人一走，李振亚立即召集大家商量，他说：“这帮饿鬼见不得钱和物，看到我们的东西必定想下手，只是看到我们人多，觉得吞不下，回去再拉人马罢了。我们要马上开航，否则不好办。”大家都同意李振亚同志的意见，便七手八脚地帮助船工起锚、升帆、开船。天助人意，风向随心，帆船像海燕一样，展翅飞翔。果然不出所料，船开了一会儿，一群匪兵就匆匆赶到海边，看到帆船已远离海岸扬长而去，只好望洋兴叹，胡乱放了数枪，以示“送行”……

夜幕降临了，木船张满风帆，在黑茫茫的大海中颠簸前进。

“前方有船！”交通员张瑞民报告。

李振亚站起来观察了一会，只见远处有一灯火在晃动，由远渐近，过了一会，还听到“隆隆”的马达声，由弱渐强，他说：“这是日本军舰，赶快落下风帆，放倒桅杆，准备战斗！”李振亚便同船工一起落帆倒杆。他说：“如果敌人碰上来，我们要认真对付。为了保守党的秘密，宁可投海牺牲，也不能让敌人捉去；我们的电台，宁可丢下大海，也不能给敌人拿走！”

“隆隆隆隆”……敌舰越来越近了。

在大家正准备与敌人搏斗的紧张时刻，舰艇从侧面驶过去了。因为天黑、浪高、船小，加上敌人麻痹大意，没有发现帆船。

“平安无事，赶快起帆！”李振亚高兴地说。他又和几个船工迅速地把帆拉起，继续前进。这样，木帆船张着翅膀，借着风的劲儿，在海上整整航行了一夜。第二天，天微微亮，木帆船在海南岛的临高昌拱港靠岸。李振亚等一行人登陆后，在中共临高县委常委王乃策和临高四区区委书记、琼崖独立总队海运站负责人王锡珠等同志的安排下，休息一会，然后由陈勇和谢名臣两位同志率领的两个武装班和二十多名民工，把李振亚、王超、罗文洪、黄荔蓉等七位同志和无线电台等物资，一站一站地护送到琼崖特委和独立总队机关驻地——美合村。

李振亚和他的战马

"琼总"曾配给李振亚两匹马，有一匹马在频繁的战斗、艰难的行军中丢失了；另一匹在敌人重重围困、战士断粮缺食的危急情况下，命令战士杀掉了，这是迫不得已的事。

在挺进山区的战斗中，冯白驹同志又特地给李振亚配了一匹战马，这是从对日军作战中缴获的。李振亚非常疼爱战马。经过一段时间的训练，他渐渐地摸透了这匹战马的脾气：爱吃高粱、玉米等饲料，爱吃溪边的嫩草、山上的野菜。他常常清晨就放马吃溪边的嫩草；外出归途中，看到有好的野菜就顺手扯一大把回来给马吃。在那战争的岁月里，很难找到粮食类的饲料，他往往把食堂分给他的饭省下一部分给战马吃，自己则吃野菜充饥。有时他在山上找到好吃的野果，也会拿几个给战马尝尝。每逢刮风下雨，他总要看看战马是否被淋；晚上也要看看，不让战马卧地睡觉，以防生病；急行军中，人出汗，马也流汗，休息时，他叫战士把马驮的沉重行李暂时卸下来，让战马也得到适当休息，或者擦去马身上的汗水……

战马也很懂主人的意思，被他驯良，时刻听从主人的使唤。在行军中遇到敌军或敌机时，主人命令它隐藏或卧倒，它都遵命而行。若在战斗中不见主人，它就嘶叫寻找。一次，主人病倒了，它四脚频频扒地嘶叫，俯首垂耳，草水不进，颇为悲伤。

李振亚很少骑马，行军中不是让伤病员骑，就是给战士驮背包，或者给炊事班驮东西，有紧急任务时，就让传令兵骑马传达命令。战士们都知道这是李振亚的专用马，都不肯骑。李振亚在战士们互相推让之下，往往拉着马同战士们一起走路。

一次，战士曾祥病了两天，行军时感到十分吃力。李振亚知道后，立即把马牵来，叫马伏下，让他骑上去。可是，曾祥生不肯骑，很感激地说："李副司令，你刚刚病好，你骑吧，我还能走路呢！"曾祥生勉强装作能走路的样子，一直往前走。李振亚拉着马在后跟着，一边走一边动员，可是曾祥生就是不答应。李振亚看没办法，就大声说道："小曾，你站住，我命令你骑马！"曾祥生回头立正，说："李副司令，这马是专门配给你骑的，你也有病在身，你为何不骑？"李振亚说："你别啰唆，什么司令不司令的，我也是一普通的兵，这马是琼总的，谁需要就让谁骑呗！"说着，李振亚把曾祥生扶上了马。曾祥生骑上马后，看到李副司令员一步一步地在前面走着，不由得鼻子一酸，感动的泪水夺眶而出……

李振亚不幸牺牲时，指战员无不伤心痛哭。李振亚的战马也一样悲伤。平时它龙腾虎跃，饮食正常，在李振亚牺牲时，却俯首垂耳，默不作声。战士把它平时最爱吃的饲料、嫩草、野菜送到它的嘴边，它也不张口，只是轻轻地摇头、摆尾巴、落泪，鼻子里频频喷出粗气。过了几天，这匹马也死了。

执行纪律的模范

在四季如夏的海南岛，太阳似火，

大地冒烟，闷热的天气令人特别难受。人们往往吹起口哨，欲请海风解闷，或者坐卧树荫下，或者浸泡清溪中，以求解暑降温。

有一次，琼崖特委和“琼总”总部机关刚刚迁驻到澄迈的六芹山，李振亚就带领一班人马到驻地周围的阵地去进行侦察了。当他们急行军侦察回来时，正值下午太阳最烈的时刻，战士们个个汗流浃背，好似刚从水中捞起的一样。

“李副司令员，我们快闷热死了，下河去洗一洗，降降温吧！”警卫班长廖之伯代表战士们提出建议，“为了安全，我们轮流放哨。”

“好吧，大家先到树荫下休息一会儿，否则火辣辣的身体一下子浸下水去很容易生病的。”李振亚答应了大家的请求。经过片刻休息，安排了站岗警卫，战士一个个跳下河去……

“喂喂，你们快起来，快起来！谁批准你们下河洗澡的！”大家正洗得痛快，突然听到有人在岸上叫喊。

“呵呵，传令官，难道你是木头人，不知冷热？好厉害的传令官，传你的令去吧，洗洗衣服冲冲凉不用你管！”

“别啰嗦，我就是传令的，不经批准谁都不允许下河洗澡！”

“喂喂，洗洗衣服冲冲凉还要谁批准？你没长眼？李副司令就在这里！”

“啊，对不起，我没看见。报告李副司令员，冯白驹司令员有令，为了不暴露目标，不管什么人都不准在这段河洗澡，违者处罚！”传令兵说完敬了个礼就往回走了。

“好了，好了，大家都快起来，回司令部去，我们违反了军纪是要受处分的。”李振亚在那里立正晒太阳，大家急着说：“李副司令，你……”

“嘘——”李振亚摆摆手，叫大家别吱声，“你们快回去换衣服，别着凉了。我违反了军纪，应该晒太阳受罚！”

“不行，不行，李副司令你快回去换衣服，受罚应该是我们，是我们要求下河洗澡的。”战士们推开李振亚，要他回去，各自主动靠拢列队立正。

“不行，你们快回去更衣吃饭，饭后有新的战斗任务！”李振亚命令大家回去，他一动也不动地立正：“受处罚，我当代表！”

“不，李副司令员，受罚我们当代表！”战士们谁也不愿离去，一个个肩并肩地站着。

天上太阳似火，地下石头冒青烟。李振亚和警卫班的战友们在烈日下，口中互相催促着回去，双脚却像木桩似的，一动不动。

“老李啊，你们怎么搞的，别站了，别站了，快回去！”冯白驹司令员从司令部里走过来，边走边喊。

“司令员，有令必行，违者必惩！是我批准大家下河洗澡的，我代表大家受罚就行了！”李振亚向冯白驹同志做了检讨，仍然立正不动。

冯白驹同志急了，就严肃地向大家说：“同志们，你们刚侦察回来，不该受处罚，快回去吃饭，准备过河，有新的战斗任务！”

战士们都遵命回去了，而李振亚一直站了一个多钟头才回去。冯白驹同志对李振亚说：“老李啊，我知道你是执行纪律的模范。这件事不该怪你，因为你刚到这里就外出侦察去了，我临时下了这道命令，不准下河洗澡，是因为我们总部刚刚转移到这里，敌人还在追击我们，怕暴露目标。”

李振亚笑着说：“司令员，你别对我太客气，我是一个军人，就应遵守军纪，违反了就应该自觉接受处罚！”

事后，冯白驹同志特为此事拟了一个电文通报全军，表彰了李振亚是执行纪律的模范，号召全军指战员向李振亚同志学习。

心心相印　鱼水深情

部队转战在澄迈六芹山期间，那种匮乏的物质生活，那种频繁的行军，那种艰苦卓绝的战斗，是无法想象的。但是无论处在怎样艰难、恶劣的环境下，李振亚和广大指战员的心是紧密相连的，斗志是旺盛的。

部队的供给断绝了，战士们常常饿着肚子打仗，或者找野菜充饥。由于野果野菜吃多了，战士们脸和脚浮肿、拉肚子，饥寒和疾病交织在一起。

为了调节伙食，炊事班常常把粮食和野菜轮着吃或搭配着吃。尽管如此，还是不能放开肚皮吃，只能限每人一个小饭团。炊事员把饭煮熟后，用两个半边椰子壳装上饭合起来再打开，就成一个小饭团，每人每餐只分得一个小饭团，领到饭团之后，还要等待炊事班长的“命令”，只有炊事班长下令开饭，大家才能动嘴。身为副司令员的李振亚也不例外。

一次李振亚外出未返，部队已经开饭。炊事班长特意给李振亚留下两个小饭团，并吩咐勤务员说：“如果李副司令问你，就说是因为打了胜仗，每个指战员都配给两个饭团。”聪明的勤务员陈阿新，眼珠一转，会意地把饭团领了回去。不久，李振亚外出回来了。

“阿爸，你回来了，趁饭热汤暖快吃饭吧！”陈阿新，又名陈素珍，是一位孤儿，是共产党从苦海中救出来的，她的爱人邢谷生是李振亚的警卫员。她念李振亚救命之恩，称李振亚为“阿爸”，平时像对待父亲一样照顾李振亚。

“今天怎么多分了一个饭团，是老百姓送粮来了吗？”李振亚看到饭团产生了疑问。

“又要‘审讯’是吗？”阿新胸有成竹地说，“别多疑，炊事班长说，因为打了胜仗，每个指战员都配给两个饭团。”

“你胡说，我不信，你跟我来……”李振亚喝了那碗野菜汤，就捧着两个饭团，要带陈阿新去炊事班问个明白。

“你要去就去，我不去！”陈阿新鼓着嘴赌气道，“反正是炊事班分给你的，我给你领回都有罪，你老是这个怪脾气，以后让你饿着肚皮工作也不给领！”

李振亚仍不放过她，硬是把她带到了炊事班。

“你们谁分饭的，每人分多少个饭团？”

“呵呵……李副司令，怎么样，是饭烧焦了吗？”炊事班长早就摸透了李振亚的脾气，看到他手拿两个饭团，背后又跟着一个眼圆圆、嘴鼓鼓的小丫头，便心中有数了，半正经半打趣地说：“李副司令员，反正我是公事公办，今天分饭人手不灵，多了一个饭团，大伙一致举手要留给你两个，我只好奉众人之命，不信你问问大伙好了。”

李振亚看看周围的战士，正想对证此事，但他还未开口，战士们齐声答道：“老班长说得对，是我们叫留给你的，因为你比我们辛苦。经过长途急行军，刚到这里，你命令我们就地休息，可你却

去侦察敌情。”李振亚看到战士们如此齐心，不好责怪他们。于是目光对战士们扫了一周，看到有三名刚刚病愈的战士，因为缺乏营养又吃多了野菜，面部浮肿，就命令这三名战士站过来。这三名战士以为犯了什么错误，李振亚要处罚他们，就正正经经地站着立正。李振亚把手上的两个饭团分为三份，每人一份，说：“你们三位同志身体不好，与我们一同行军打仗，你们比我更辛苦，把它吃了快回去休息，准备迎接新的战斗！”这三名战士接过李振亚的饭，正想说什么，但什么话都说不出来，只是两行眼泪像泉水一般汪汪直流……

在很长的时间里，李振亚都是穿着两套灰色土布衣服，行军打仗，总是湿漉漉的，在烈日下，有时湿了又干，干了又湿，衣服上凝着一层盐似的汗渍。没有行军打仗时，可以换下来洗一洗，如果行军打仗，或者连日下雨就无法换洗了。他从来都是习惯自己洗衣服、缝补衣服。那土布衣服本来就是厚厚的，经他千缝百补，比铜钱还要厚，尤其是那两条裤子，都补得看不到原来的样子了。勤务员阿新看到他实在忙得要命，往往从他的手里夺过来帮他补。

一次，部队从敌人那里缴获一批布匹。李振亚吩咐副官处，为那些缺衣服的战士做一套新衣裤。当李副司令外出侦察时，副官处也给他送来一套新衣服，并把他那套破旧不堪的衣服“没收”了。

李振亚外出回来时，陈阿新欢欢喜喜地向他报告：“阿爸，副官处给你做了这套新衣，快穿上，看看合身不合身？”李振亚接过衣服往身上一穿，高兴地说：“合身，合身！”说着又把衣服脱了下来，说，“不行，我怎能首先享受战利品？你给我拿回副官处，让缺衣的战士穿。”

“不行，我不给你拿回去，拿回去你就没有衣服换了，你那套破烂衣服，副官处宣布‘没收’了。”陈阿新赌气地说。

“不行，谁敢没收我的衣服，你快去给我拿回来！”李振亚板起脸孔，好似下战斗命令似的。但是，看到勤务员这小丫头哭着脸，他又放松口气说：“阿新啊，你还是孩子，不懂事，那套衣服拿回来再补一补还可以穿。你可要知道，艰苦朴素，是咱们老前辈的传家宝，也是当今革命斗争的需要啊！二万五千里长征时期，比这还要艰难困苦得多哩……”

阿新只听着，不作声，心里想，长征的故事你给我讲得多了，听惯了，可就是……

看到勤务员落泪不吱声，李振亚就亲自把新衣服送去副官处，要把他的旧衣服拿回来。

副官处的同志看到李振亚把衣服拿来，就明白是怎么一回事了。未等李振亚开口，就解释说：“李副司令，我已根据你的指示，给一些缺衣裤的战士做了一套新衣，这套是专门做给你的。你原来那套太破烂，实在不能穿了，留在副官处，将来送到博物馆去……”

“少说废话，快把我那套旧衣服拿出来，把这套分给战士们穿，”李振亚接着说，“以后没有我的吩咐，不能给我做衣服。”

“李副司令，你怎么批评我们都接受，反正旧衣服不能再给你了，你只能穿这套衣服了。你是副司令员，我们作为你的下级应该服从你的命令。但是，我们是你的副官，对你的衣食住行有责任，何况你是司令员，穿的比我们战士还破烂。”

“照你的说法，我当司令员的就可以比士兵特殊？要知道，我需要，战士更需要！”说完李振亚命令副官把一名黎族战士叫过来，对这位战士说：“你到里面把这套新衣服穿上，把你的破衣交给副官处。”

副官处的同志不得不把李振亚原来那套破旧衣服送还给他。李振亚欢欢喜喜地走了。看到李振亚全身破烂的衣服，战士们感动得热泪盈眶，都说：“李副司令啊，总是处处想着战士，可就没想过他自己。”

事过不久，副官处把缴获的另一批蓝色的布匹，给每个战士都做了一件衫子或者一条裤子，还特地留下几尺给李振亚。勤务员阿新把几尺蓝布领了回来，交给李振亚自己裁剪。

“阿爸，这几尺布是配给你的，做衣做裤，由你自己裁吧，裁好了，我给你缝！”阿新调皮地说，“这几尺布不该‘处罚’副官处的同志了吧，如果你再不要这些布做件新衣，留你屁股向人也好，向天也好，我再也不给你缝补那套破烂网了。”

“哈哈，真的是分给我的？那太好了，为了不让屁股见天，今晚我用点时间裁剪好，明天你给我缝吧！”

阿新意想不到李振亚这么爽快地接下布料，心里乐滋滋的，有说不出的高兴。

第二天，李振亚把裁剪好的布料送给阿新，说：“这些布不是几尺，而是一丈多，刚合你一套衣服，给你剪好了，你快把它缝好吧！”

阿新接过布料一看，果然裁成一套女装，附体一度，刚刚合身。阿新非常为难地正想对阿爸说些什么，但是看到衣服已经裁成，就不好说了。李振亚早就看出阿新的神态，知道她的心思，便和蔼可亲地说：“好孩子，你年纪不小了，又是一个女同志，衣服破了不好看，屁股见天更不行啊！我们男子汉，有条不见光的裤子就行，赤着膀子也能打仗嘛，你说对吗？”

阿新眼睁睁地望着李振亚，不禁“阿爸”一声，哭了出来……

（本文选自海南史志网，写于1988年9月，原标题为“故事拾零”）

她给了我第二次生命

文/黄　薇

我第一次见到邓大姐，是在1939年春。那时，我作为一个华侨记者刚从华北敌人后方来到重庆，适逢宋美龄在蒋公馆召开重庆各界妇女领袖座谈会。应邀参加会议的有数十人，除了国民党要人冯玉祥、何应钦、陈诚、陈立夫、张继等的夫人之外，还有各界女知名人士邓颖超、史良、曹孟君、刘清扬、沈兹九等人。在这次座谈会上，我第一次见到邓大姐，因时间很短，我们只是握手寒暄了几句，没有多谈。

座谈会由宋美龄主持。当她宣布请谢冰莹女士做报告时，有人指着我在她耳边说了几句话，于是她又宣布："听说今天到会的华侨记者黄薇小姐最近刚从华北敌人后方采访回来。我们请她也给大家报告一下那里的情况。"这一突然的邀请，使我没有时间作准备，但共产党领导华北军民在极其艰苦的条件下坚持抗战的事迹给我以强烈的感染，我认为应该向大家做个报告，于是我点头表示同意。

我概括介绍了华北军民英勇抗日、华北妇女积极支援抗战部队，出现了许多"母亲叫儿打东洋，妻子送郎上战场"以及她们为掩护八路军战士而牺牲自己的亲人的动人事迹。我着重谈了前方严重缺医少药，缺少医疗器械，甚至连麻醉剂和止痛药都很缺乏等情况。同时还谈到我在伤兵医院亲眼看到负伤战士在没有麻醉药的情况下做手术，用木锯和屠刀截肢的悲惨情景。我介绍了加拿大医生白求恩在抗日前线救死扶伤的国际主义精神，呼吁在座的姐妹们和全国的同胞们赶快动员起来，捐献医药用品，早日输送到前方去，以减轻这些为国流血牺牲的战士们的痛苦。

第二天，张继夫人请我到她家去。一进门，我意外地看见邓颖超大姐也在那里。邓大姐关切地问起我在前方工作、生活的情况。她说："一个女记者到前方

1939年邓颖超在重庆曾家岩五十号留影

去采访，要比男记者艰难得多，这要有很大的勇气和毅力。特别是你不远万里从国外回来，更不容易。今后有什么困难，可以告诉我们。”邓大姐热情亲切的话语，给我留下了深刻的印象。

从邓大姐和张继夫人的交谈中，我感到她们之间的关系和谐自然，好像一家人似的。后来听说，她们是姨表亲关系。张继夫人之所以能够积极从事妇女运动和开展抗日募捐活动，和邓大姐的鼓励、帮助是分不开的。邓大姐就是这样善于利用各种关系开展抗日民族统一战线工作。

不久，刘清扬来找我，告诉我宋美龄要聘我到她主办的“战时妇女干部训练班”去讲课，题目是“怎样做宣传工作”。我对于是否要接受聘请，拿不定主意，便去征求邓大姐的意见。邓大姐表示，去训练班讲课，可以培养教育一批女青年。为了同国民党争夺青年一代，应该接受聘请。她还说，这是一个难得的机会。后来了解，刘清扬是这个训练班的教务主任。我党对这项工作很重视，曾经派一些干部去协助她。先后受聘到训练班讲课的有钱俊瑞、张友渔、阎宝航、陶行知等知名人士。

数日后，刘清扬送来三十元车马费，正式聘请我为“训练班”的“教官”。

在第一期学员结业后，刘清扬告诉我：“蒋介石因得到报告说你在训练班宣传共产党，把宋美龄批评了一顿，并责令她以后不许再让你去讲课。”因此，我就不再去讲课，自动解职了。

1939 年夏，香港《星岛日报》聘请我为驻重庆特派记者。我除了要给该报撰写通讯报道外，遇到重要新闻还要发专电，任务更重了。为了了解国内外形势和党的宣传方针政策，在一定时间我总要到曾家岩五十号去。曾家岩五十号，对外称“周公馆”，是中共代表团在战时首都重庆的驻地，周恩来等党的领导人在这里办公和接待各界人士。

曾家岩成为爱国人士和革命青年向往的地方，经常有人到那儿去，这里也因此遭到国民党特务的严密监视。邓大姐关心我的安全，叫我不要经常到她那去。当我去的次数多了，邓大姐就说：“黄薇，你怎么又来了！”她那似是责备而实是疼爱的话语，使我感到特别亲切。我只能以会心的微笑回答她。有一次，邓大姐带我到她屋里。这是她和周恩来同志的办公室兼卧室。房间不大，除了几件必需的家具之外，没有任何摆设。邓大姐拿出几本相册给我看，里面几乎全是小孩子的相片。有年幼的娃娃，也有五六岁至十多岁的孩子。他们个个健康活泼，十分可爱。邓大姐说：“这些孩子多数是革命烈士的后代，有的在延安，有的在苏联，有的在重庆。他们是党的孩子，受到党的培养和教育，也受到全党同志的关怀和爱护。”周恩来同志和邓大姐以父母般的慈爱之心爱护着这些革命后代，关心他们的成长。这件事给我留下很深的印象。

1941 年 1 月，国民党制造了震惊中外的皖南事变，同时在重庆等地实行白色恐怖，许多爱国青年惨遭杀害，大批抗日人士被捕，形势极为险恶。我为此事给《星岛日报》发了专电，同时为了进一步报道皖南事变的真相，到曾家岩五十号访问了叶剑英同志。他展开地图详细地介绍了国民党阴谋袭击新四军的情况。当他谈到我军大部壮烈牺牲、新四军军长叶挺谈判被扣押、副军长项英

遇害等情况时，悲愤之情，溢于言表。

第二天，《新华日报》记者吴全衡来到我的住处，说邓大姐有事要见我。她把我带到一个地处偏僻的房舍里，邓大姐已经在那里等我了。她同我单独谈话，严肃地对我说：“据我们得到的消息，国民党正在策划暗杀你，你必须马上离开重庆。”我说：“我昨天已经从冯副委员长那里得到这个消息。我要坚守岗位，不离开重庆。”邓大姐说：“形势很紧张，你必须赶快离开。”我说：“我不走，准备牺牲。如果国民党杀了我，这也可以使海外侨胞更加看清国民党的反动本质，使侨胞们受到教育。这样的牺牲是有意义的。”邓大姐听了我的话，想了一下，说：“你有没有想过，你是留学日本回来的，他们会从这里做什么文章？”她这一说，我愣了，问：“什么？留学日本回来，难道会被诬蔑为汉奸吗？”邓大姐说：“他们什么事情都干得出来。”邓大姐这一句话，重如千斤，我被震动了！我说：“我死也要像一个英雄一样死去。如果我被杀害了还要被诬陷为汉奸，死了还要蒙上耻辱而无法申冤，那真是太可悲，太可怕了！”我终于同意离开重庆，但要求到延安去。邓大姐说：“延安已经去不了了。”我说：“那就让我回到华北敌人后方去吧。”大姐说：“华北敌后也已经去不了了。你只能去香港。”

过了两天，邓大姐又约见我，说已经为我做好安排，我很快就会收到一封电报。她要我做好离渝的准备，并提醒我“千万不要单独一人出门”。第二天，“虎标永安堂”胡经理来告诉我，《星岛日报》发来电报，要我立即回香港去，并且要他为我购买飞机票。

临行前，邓大姐第三次约见我。她亲切地说了许多鼓励我的话，并且告诉我，到了香港以后，廖承志同志会来同我联系。谈完之后，她还请我吃了饭，为我饯行。当我起身告别时，邓大姐紧紧地握着我的手说：“恩来同志要我代表他同你握手，祝你一路平安。”亲切之情，使我感动得潸然泪下。想到周恩来同志和邓大姐在政治斗争那样尖锐复杂的险恶环境下，还为我这个青年记者的安全操心，做出了如此细致而周密的安排，怎能不使我感动呢？

几经周折，胡经理好不容易为我买到了飞机票。在重庆机场，我受到极为严密的检查，以致送我到机场的记者朋友浦熙修愤慨地说：“这简直是如临大敌！”

当我登上飞机刚刚坐定，一个女青年来到我的身边，对我进行“搜查”，但她在我耳边轻声地说：“我是你的学生，我不会加害你的。”一听这话我就明白了，她是“战时妇女干部训练班”的学员，是奉命来陷害我的。但她是有良心的爱国青年，没有加害于我。说完之后，她就神情忧郁地走了。就这样，我终于逃离虎口，到了香港。

在香港，我被安排在《星岛日报》任编辑。一天，廖承志同志约我见面。他说：“组织上决定派你去菲律宾，以记者身份，进行抗日反法西斯宣传工作和开展华侨中上层人士的统战工作。”在这不久之后，我光荣地加入了中国共产党，成为一名自觉的无产阶级战士。

周恩来同志和邓颖超大姐从危难之中把我营救出来，给了我第二次生命！他们的恩情，我终生难忘！

（本文选自《忆邓大姐》）

党岭山风雪夜

文 / 红笔杆

党岭山海拔五千多米，积雪终年不化，一会儿狂风怒吼，一会儿风雪大作。第四方面军女红军战士蒲文清的眼睛，被山上强烈的雪光刺得不停地流泪，眼皮被寒风吹得没有了知觉，一点也睁不开。既看不见身边的伤员和小姐妹，也看不清脚下的路，心里真是急死了。她怕自己过不了党岭山，更怕给在风雪中经过长途跋涉，已经疲惫不堪的战友增添负担，硬是咬紧牙关坚持着，坚持着……

1933 年 9 月，年仅十三岁的蒲文清参加了红四方面军，被分配在八十八师医院学习看护。因为刚刚当兵，什么都不知道，什么也不会，连个正式的大名都没有。她的主要工作就是收伤病员换下来的纱布，再把它们洗干净、消毒好以备再用。慢慢地熟悉了工作之后，她就能够帮着做些其他的事情。很快，蒲文清就成了一名正式看护员，工作常常受到战友们和伤病员的表扬。

1934 年 7 月，开始长征前，蒲文清调到红四方面军总医院四分院当护士，后被提升为护士排长，并在长征开始两个月后加入了共产主义青年团。当时，她突然得了很重的眼病，两只眼睛红肿得几乎看不到东西。医院领导劝蒲文清留下来，可她坚决不肯。因为她从小失去爹妈，过着寄人篱下的讨饭日子，八九岁又被迫到地主家当使唤丫头，是红军把她从火坑里解救出来的。她怎么能因为眼病而留下来呢！而蒲文清最担心的，是留下来怎么办，以后是否还能找到部队。所以，她坚决要求跟着队伍走，就是死，也要死在长征路上！蒲文清再三向领导表示，自己能克服眼病，不能留下来，必须和大家一块完成任务。再说，自己是护士排长，担负着几十个护士和伤员的协调工作，特别是要和几个小战士抬着受伤的宋营长呢！

宋营长叫宋益民，在一次战斗中因大腿受到敌人的机枪扫射，皮肉被子弹撕碎，露出了白骨，经常半昏迷着。他个子比较大，抬担架的六个小鬼，被压得直不起腰，只得慢慢地前行。

蒲文清强忍着眼睛的病痛，坚强地一手拄着棍子，一手扶着宋营长的担架，随着部队一步不落地行进着。只要担架一上肩，不管多重，也不管肩膀有多痛，护士们都不吭一声。

大家衣服单薄，走得越慢越觉得冷。她们还不时地摸摸担架上的宋营长。突然，几个小鬼都争着脱衣服。蒲文清眼睛看不见可知道大家要干什么，就拦住姐妹们，说脱自己的。不等她们回答，蒲文清就把自己的单衣脱了下来，摸着盖在宋营长的腿上，而她自己紧了紧腰上的草绳。

爬雪山的各路部队，都在风雪中奋勇前进。出发前，首长和向导就反复强调，只要在雪山上停留时间长一点，人就会冻僵甚至会冻死。更何况蒲文清她们这支队伍，都是十几岁的女孩，还负责抬着重伤员呢！蒲文清心急如焚，她根本不管自己的眼病，使劲睁着红肿流泪的眼睛，查看伤员和护士，生怕发生意外。

当队伍爬到了半山腰时，突然风吼雪飘，一阵冰雹从天上砸下来。蒲文清立即传达前面的命令，放下担架，停止前进。大家迅速围扑在一副副担架上。蒲文清她们也扑在宋益民身上，任风雪扑打，任冰雹砸身。宋营长意识到蒲文清她们是在用自己的身体保护他，就用很微弱的声音说："不要管我！你们已经完成了任务。全国解放就好了，我怕是

党岭山——红军翻越的最高雪山

赶不上趟了……”话音未落就昏了过去。蒲文清和抬担架的战士们齐声呼喊：“宋营长，坚持住！风雪冰雹一会儿就会过去。”话未说完，看见宋营长在扯盖在身上的衣服。蒲文清忙问他要干什么。只见担架上的宋营长紧闭双眼，脸色青紫，嘴唇哆嗦着说不出话。一个小鬼把耳朵贴到他嘴边使劲听，才知道他要把盖在身上的衣服揭开，让小鬼们披上，怕把她们冻坏了。当蒲文清揭开几件单衣时，模模糊糊地看见宋营长伤口渗出的血已经冻成了冰。蒲文清又用手摸摸宋营长的身体，冰凉冰凉的。等蒲文清和几个小鬼把宋营长伤口上的冰抠开，又把盖在他身上的衣服掖好，发现宋营长已经停止了呼吸。而他的一只手还在保持着向上推盖着的衣服的动作，另外一只手是在解衣服扣子的动作。蒲文清和小姐妹看到这一幕非常震撼，她们猛扑在宋营长身上感动得大哭起来。宋营长就这样在那场大冰雹和大雪中牺牲了。

宋营长牺牲后，蒲文清她们没有马上掩埋他，几位担架队员一直还扑在他的身上。等冰雹过后，风雪也小了，蒲文清使劲睁开已经红肿的双眼，和几位战士用几乎冻僵的双手，用一捧捧白雪，把烈士掩埋。并拣来几根干树枝插在雪堆上。大家向长眠于雪山上的宋营长，行了一个军礼。而她们，含着泪又搀扶着别的伤员继续翻越雪山。

党岭山，一两天是过不去的。夜里，只好就在雪山上宿营。白天经历了风雪冰雹，晚上就更寒冷了。人人一身单衣裤，个别的有个破背心，除此，没有任何可以抵御风寒的东西。蒲文清、抬担架的护士和受伤较轻的战士，就地坐下，把伤员围在中间，给他们搓手脚、搓身体，一刻也不敢停下来。一些轻伤员和小担架队员，冻得手脚麻木甚至僵硬。有些幼小的战士，强忍着饥饿寒冷，怕暴露目标而不敢点火取暖。蒲文清和她的战友们，就这样在雪山上，熬过了她们一生中最寒冷、最艰难的黑夜。

快翻过雪山时，蒲文清她们，把米袋里仅剩的一点青稞和几粒豌豆给伤员吃，而自己大口大口地吞着冰雪。战友们互相说着笑着，把冰雪当成美味佳肴。可她们看着蒲文清红肿的双眼又十分心疼，一面帮她用雪水擦洗，一面鼓励她坚持下去。但蒲文清此时看到的，只有一片漆黑。她特别着急，生怕自己的眼睛瞎了会掉队。然而，蒲文清在战友们的关爱和鼓励下，坚强地挺过来了。

就这样，蒲文清和英勇顽强的伤病员战友们一起，在坚定的革命信念鼓舞下，不畏严寒，抗拒死神的威胁，只用了两天多时间就翻过了党岭山，和毛主席领导的红一方面军，在毛儿盖胜利会师了。在翻越过大小三座雪山之后，部队又开始向渺无人烟的草地进军。

后来，蒲文清向子女们回忆这段悲壮的历史时，告诫后辈：“我是在艰苦与斗争中懂得了革命，体会了艰苦，学会了乐观，经历了奋斗与拼搏。我是从长征的经历中认识和体会到，长征是一种信念，长征是一种精神，长征是我们中华民族的魂魄！”

（本文选自《中国女红军故事》）

抗日战争时期的延安电影团

文/马　红

在抗日战争初期，一些左翼电影精英从国统区大城市奔赴陕甘宁边区，成为最早的延安电影人。以他们为核心，中共中央于1938年成立了八路军总政治部电影团（又称延安电影团）。延安电影团用简陋的设备记录了中国共产党和人民群众艰苦奋斗的生活、战斗场景，留下了珍贵的影像资料。

1937年8月，日军进攻上海。上海的电影业在战火的威胁下全部歇业，大批进步电影从业人员纷纷离开上海。著名左翼电影人袁牧之、陈波儿（共产党员）、钱筱璋三人离开上海前往南京。找到八路军驻南京办事处负责人叶剑英，表达了希望赴陕北拍摄关于红军的影片的意愿。叶剑英介绍他们三人去武汉找周恩来。周恩来在八路军驻武汉办事处接见了袁牧之等人，肯定了他们想去延安拍摄影片的想法，但由于条件暂时还不具备，建议他们先到刚改组成立的中国电影制片团去参与阳翰笙编剧的影片《八百壮士》，以促成这部宣传抗日的影片早日完成。1938年春，周恩来约见了袁牧之，派他去香港购买电影器材。在廖承志的帮助下，袁牧之从香港购买到一台十六毫米电影摄影机及近万英尺（1英尺≈0.3米）的十六毫米胶片后，返回武汉。

1938年4月初，世界著名纪录电影大师、荷兰著名电影导演伊文思来到中国战场拍摄纪录片《四万万人民》。在拍完台儿庄战役的部分镜头后，伊文思计划到延安拍摄八路军的镜头，但遭到了国民党当局的百般阻挠。后在八路军驻武汉办事处的建议下，伊文思来到西安，打算从这里再设法去延安。谁知到了西安后，伊文思的行动受到了更多限制，找机会去延安的计划也泡汤了，只好失望地又回到武汉。不久，伊文思在武汉见到了周恩来，还拍摄了八路军驻武汉办事处开会的情景和林伯渠、周恩来及叶剑英等人的镜头。伊文思向周恩来提出会见中国进步电影艺术家的要求，周恩来向他推荐了袁牧之。

袁牧之告诉伊文思，自己即将离开武汉去延安，拍摄有关抗日民主根据地

袁牧之

及八路军敌后抗日活动的纪录片。伊文思慷慨表示，准备将自己使用的一台“埃姆”三十五毫米电影摄影机和两千英尺电影胶片送给八路军。袁牧之向周恩来做了汇报。周恩来对他说：“国民党特务可能已经注意你了，你不能去伊文思那里取摄影机。”袁牧之经过考虑，提出派信得过的电通影片公司摄影师吴印咸去接受这批器材，周恩来同意了。在一个漆黑的夜晚，吴印咸乘车来到汉口郊外的秘密约定地点，伊文思亲手将摄影机和胶片交给了他。

在武汉八路军办事处领导的安排下，袁牧之和吴印咸筹备到了拍摄电影的最基本的器材和胶片，但是没有照相机。当时，吴印咸因为失业，经济上十分拮据，但是他知道党的经费非常紧缺，就不声不响地用自己有限的钱买了三台照相机带到延安。一台是德国“维阿他”135 相机；一台是德国“伊可弗莱斯”120 双镜头相机；另一台是专门拍摄四英寸以上照片的木壳照相机，后来因为在延安搞不到专业胶片，改作放大机使用。吴印咸用另外两台照相机在延安和华北抗日前线拍摄了许多珍贵的历史照片。

1938 年 8 月中旬的一天，根据周恩来的指示，袁牧之和吴印咸离开武汉前往延安。袁牧之原来设想还有一些同志一起去的，但是党组织考虑到当时国共合作的局面，很多人同时离开武汉赴陕北，目标和影响都太大，这容易引起国民党当局的注意，可能会造成不好的后果。所以决定其他同志暂时留下，以后待机分别再走。8 月 28 日，袁牧之和吴印咸到达延安，来到八路军总政治部报到，见到了总政治部副主任谭政。

在袁牧之、吴印咸等专业电影艺术家来到延安之前，陕甘宁边区曾于 1938

吴印咸

年4月1日成立过一个电影组织——边区抗敌电影社，高朗山任主任，赵品三任副主任，并确定了“拍制抗战影片”“摄制前方抗战和边区生活等新闻照片”的工作任务。但抗敌电影社并未开展实际活动，而且在电影团成立后就解散了。

1938年，延安电影团成立时合影（前排中为谭政，后排左二为袁牧之，后排右一为吴印咸，右三为徐肖冰）

1938年9月，电影团在延安成立。谭政兼任团长，总政秘书长彭加伦和总政宣传部部长萧向荣先后具体领导电影团的工作。电影团成立之初的名称是“八路军总政治部电影团”。1942年5月13日，为统一晋绥边区与陕甘宁边区的军事指挥，中央军委决定成立陕甘宁晋绥联防司令部、政治部。电影团整建制编入联防政治部宣传部，改为“联政电影团”，“联政电影团”日常通称“电影团”。后来，特别是中华人民共和国成立后，为便于称呼，特别是为强调电影团及那个时代的意义和影响，就习惯称之为“延安电影团”了。

电影团成立之初，全团只有六个人，叫摄制组似乎更合适。参加过长征的干部李肃担任政治指导员，袁牧之负责艺术指导，吴印咸和徐肖冰担任摄影，另外又从抗大的学生中调来叶苍林和魏起。从事过电影工作的有袁牧之、吴印咸、徐肖冰三人。1939年后，相继调入吴本立、马似友、周从初、钱筱璋、程默等人。当时电影团的全部家当包括：两台能拍活动电影的机器，一台是伊文思所赠的三十五毫米的“埃姆”，另一台是购于香港的十六毫米的“菲尔姆”；三台相机，是吴印咸拿出自己的积蓄购置的。大家戏称之为“两动三呆”。胶片共有一万六千英尺三十五毫米底片，包括伊文思送的两千英尺，再加上一些洗印药品，构成了电影团的全部生产资料。

1940年6月，八路军总政治部决定由吴印咸主持电影团的日常工作。当时，由于国民党的经济封锁，陕甘宁边区物资供应极度匮乏，电影团的胶片所剩不多，已经无法开展正常的拍摄工作。为克服困难，实行“精兵简政”，延安不少文艺机构或合并或精简，但电影团被保留下来。为减轻政府的负担，吴印咸带领电影团的人开荒种地，当年便做到了粮食自给有余。他们还用废旧胶片制成纪念章出售，开办照相馆为群众服务，并举办了各种形式的摄影展览。这样，电影团靠自己的力量，解决了办公费用和生活开支。

（本文选自《人民政协报》）

芦荡火种映江南

文 / 沈秋农

常熟市东南的沙家浜镇（原横泾乡），南临秀丽明媚的阳澄湖，北枕风光旖旎的昆承湖，境内河道纵横，水网密布。抗日战争期间，这里曾是中国共产党领导的苏常太抗日游击根据地的一部分。当年，新四军东进抗日，在沙家浜人民群众支持下，利用苍苍茫茫的芦苇荡，奋力抗击日伪反动势力。百里芦荡的星星火种，燃成映红江南水乡的抗日烽火。

芦苇荡中的后方医院

1939 年 5 月，以新四军第六团为骨干的江南抗日义勇军（简称“江抗”），在叶飞率领下，从茅山出发，东进作战，转战到苏南地区，开辟了苏常抗日游击区，打开了东路抗战的新局面。可是，国民党第三战区秉承“反共”顽固派的旨意，指使忠义救国军在澄锡虞地区袭击“江抗”部队，不断制造摩擦。“江抗”为顾全大局，于 10 月西撤。只留下包括“江抗”五路参谋长夏光在内的数十名伤病员在“江抗”后方医院治疗养伤。

后方医院的医疗环境十分险恶。“江抗”西撤后，敌人常常下乡袭扰，驾着汽艇在阳澄湖地区耀武扬威，寻找“江抗”留下来的伤病员。12 月 25 日上午，后方医院医生正在给一位重伤员做截肢手术。当时残肢已经截去，正准备缝合皮肤，突然有人来报，村西不远处发现敌人。情况十分危急，伤病员需要立即转移。他们扶着轻伤员，抬着重伤员上

“江抗”后方医院工作者合影

了船，迅速地转移到了别的村子。又有一次，为躲避敌人，载着伤病员的船只隐藏在芦苇荡深处，从早到晚，未见有人前来送饭。伤病员们饥肠辘辘，肚子咕咕直叫。一位战士摸到几只大闸蟹，但警报没有解除，不能举炊煮蟹。情急之中，本地同志想出了办法，下芦苇荡挖掘芦根给大家充饥，才渡过了难关。

后方医院的医疗条件很差，药品和医疗器材都十分紧缺，医生们千方百计克服困难。没有药品，他们用烤焦的馒头碾成粉当作“胃舒平”治疗胃病；用鸡蛋壳放在锅内烘干后碾成粉末，当作钙片治疗肺结核；用米糠、麦麸做成糕饼治疗脚气病。缺少医疗器材，他们便将筷子劈开，装上木塞做成土钳子；在牛皮纸上涂上胶水当作胶布；用砖块放在炉膛里烧热，包上布当作热水袋给伤员热敷。为了给伤员动手术，医护人员用一块大白布，四角拴在农家堂屋的梁上，作为外科手术室；或者将细布做成的大帐子挂在屋外，下面铺着两张桌子，在日光下给伤员施行手术。

无论后方医院到哪个村，除了为伤病员治疗外，还经常免费为村民诊治疾病。贫农孙根乔，腹腔长了大脓包，因无钱医治，长期发高烧，病情十分危险。后方医院得悉后，便派医生到他家，为他做手术，排出脓液，使其转危为安。

军爱民，民拥军，军民鱼水一家人。后方医院三十多名伤病员分散居住在老百姓家，乡亲们对伤病员亲如家人，悉心照料。他们为伤病员端汤喂饭，缝补衣服。为了使伤病员早日痊愈，重返战场，乡亲们时常下湖捕鱼捉蟹，或者拿出自己的老母鸡和鸡蛋煮给伤病员吃。每当遇到敌情，乡亲们就争着帮助抬伤员、摇船和带路，将伤病员转移到安全的地方。正是有了医护人员的悉心治疗和乡亲们的热情关怀，“江抗”留下的伤病员才一个个痊愈康复，革命的火种才得以保存下来。

“江抗”回来了

“江抗”西撤时，常熟仅剩下常熟人民抗日自卫队警卫班十余人和数十名常备队员。日伪得知消息后，便乘虚而入，四处“扫荡”，到处搜索“江抗”留下的伤病员和隐藏在当地的武器装备。原先销声匿迹的土匪部队也卷土重来，横行乡里，残害百姓。

10月中旬，阳澄湖地区稻香蟹肥，芦花飘絮，一派江南水乡的金秋风光。“江抗”二团政治处主任杨浩庐根据上级命令，在地方同志掩护下，辗转回到常熟。他先是来到阳澄湖畔的后方医院，找到已经痊愈的“江抗”五路参谋长夏光和正在养伤的“江抗”政治处主任刘飞。战友重逢，心情格外激动。杨浩庐兴奋地向他俩传达了上级的指示：“为了执行抗日民族统一战线政策，主力西移待机。留在东路的部队人员要与地方配合，重新组织武装，坚持原地斗争。”听到这一消息，夏光顿时兴奋起来。在“江抗”西撤后的日子里，看到日伪横行，百姓遭难，夏光焦虑不安，终日食不甘味，夜不能眠。现在要重新组织武装，在苏常地区坚持斗争，这正是自己日思夜盼的喜讯。夏光高兴地陪同杨浩庐赶往唐市，向地方领导传达了上级指示。

经过一段时间的准备，在唐市乡间的一座庙里召开了党政军领导会议。会议分析了坚持原地斗争的有利条件和不利因素，以及排除不利因素的斗争方法。

以新四军六团为骨干的江南抗日义勇军在东进前召开誓师大会

1939 年 11 月 6 日，新“江抗”在常熟唐市成立。图为新“江抗”司令部旧址

大家一致同意坚决执行上级指示，成立江抗东路司令部，由夏光任司令，杨浩庐任副司令兼政治处主任，并决定以后方医院的三十多名伤病员为骨干重建“江抗”部队（为有别于原来的“江抗”部队，人们把这支新组建的部队称为新“江抗”）。

1939年11月6日，这是个富有历史意义的日子。就在这一天，“江抗”东路司令部宣告成立。看着眼前由十多名伤病痊愈的老红军组建起来的一个班，夏光操着浓重的湖南口音，动情地向战士们作了讲话：“同志们，‘江抗’东路司令部成立了！大家重上战场的愿望就要实现了！虽然今天才一个班，但即将痊愈的伤病员同志很快就会充实进来，东路的热血青年都将是我们这支队伍的新鲜血液！”夏光环视了会场的全体同志，接着又提高了嗓音说：“目前我们人数少，缺乏弹药武器，困难较多，但这些算不了什么！因为我们有党的领导，有人民的支持，有战无不胜的决心，我们一定能够坚持东路的抗战，一定能够开辟东路斗争的新局面……”

夏司令讲话一结束，战士们就热烈地鼓掌。接着，会场又响起了雄壮嘹亮的歌声：

光荣北伐，武昌城下，
血染着我们的姓名。
……
东进，东进！我们是铁的新四军！
东进，东进！我们是铁的新四军！

高亢激越的歌声，响彻了整个会场，回荡在阳澄湖上空。这歌声，告诉了乡亲们，子弟兵又回来了；这歌声，预示着东路抗战将出现崭新的局面。

血战洋沟溇

新“江抗”的成立，犹如从阴霾笼罩的天空里射出了一道炽热的强光，给人民以光明和力量；又如在日伪肆虐的大地上掷下一颗威猛的炸弹，给敌人以震慑与恐慌。1940年2月6日，新“江抗”在北桥打了一次漂亮的伏击战。当晚，部队带着胜利的喜悦，在夜色中乘船转移到阳澄湖畔的洋沟溇宿营。

2月8日，是农历大年初一。战士们早早就起床，有的扫地，有的挑水，有的准备搭台演戏，与群众一起欢度新春佳节。

“江抗”在阳澄湖畔建立的后方医院

叭，突然一声清脆的枪声打破了新年欢乐祥和的气氛。原来，从昆山巴城出发的日军向洋沟溇发动偷袭。

敌人十分狡猾。得到新“江

抗”驻地的情报后，敌人先是乘汽艇出发，在靠近洋沟溇时便将汽艇隐蔽在芦苇荡里，然后派一小股敌人披着当地农民的蓑衣，划着木船向岸边靠拢。待新“江抗”的哨兵发现情况异常，鸣枪报警时，敌人已抢占湖滩阵地，扑上岸来。这时，躲在芦苇丛中的敌兵也一哄而出，迅速登岸，架好机枪扫射。

枪声就是命令，司令员夏光听到枪声马上带着警卫员箭步冲向湖边。他伏在坟堆后面挥手一枪，一个敌人打了个趔趄跌倒在地。敌人见坟堆后面有个手握匣枪的军人，知道是个指挥官，马上集中火力猛射，夏光借助坟堆的掩护跑向别处，而他的警卫员却在运动中中弹负伤。这时，杨浩庐已率领特务连冲上过来，打退了敌人的进攻。

洋沟溇地处水网密集的地区，敌我双方均凭借村落房屋背水作战，敌人占有武器方面的优势，战斗非常激烈，逐步由前沿战转为巷战。在敌强我弱的情况下，新“江抗”指战员沉着应战，他们凭借有利地形，在屋脊上、坟堆旁、河沟里，猛烈地向敌人开火，与敌人展开逐屋争夺。这时，夏光命令战士在河里架起船桥接应部队过河，待部队过河后再将木船迅速驶离，迫使敌人减缓前进速度。他还派出部分战士以地形地物为掩护，绕到敌人侧翼包抄作战。

嗒嗒嗒，巷战在激烈地进行着。日军警备队长斋藤手持指挥刀，歇斯底里地叫着喊着。突然，砰的一声，斋藤应声倒地。原来，绕到敌人侧翼的战士，见敌军指挥官耀武扬威，便瞄准一枪结束了他的性命。日军见指挥官毙命，便无心恋战，慌忙抬起尸体，架着伤员，纷纷下船仓皇逃命。

洋沟溇一战，粉碎了敌人妄图消灭新“江抗”的阴谋，高扬了新“江抗”的威名。芦荡火种燃起的抗日烽火，燃遍了江南大地。

（本文选自苏州党史网）

伤员靠掩体哼唱《游击队之歌》

口述/颜炳南　整理/佚　名

颜炳南

颜炳南，江西铅山人，1915 年 11 月 1 日出生，1932 年 1 月加入共产主义青年团，1932 年 8 月担任铅山县下渠区团委书记。1933 年 3 月加入中国工农红军。红军时期参加了三年游击战争，抗日战争时期参加了皖南事变突围战斗；解放战争时期参加了莱芜战役、郓城战役、淮南战役、渡江作战等。先后获得三级八一勋章、二级独立自由勋章、二级解放勋章各一枚。1988 年被授予二级红星功勋荣誉章一枚。

1941年1月10日，经过连续五天的昼夜激战，真困呀！又累又饿，部队北移出发时带的干粮早就吃完了，好在地上还有积雪，可以解渴。为保证部队机密绝对安全，叶挺军长命令将电台砸了，重要文件销毁了。下午，电话里又传来了令人不安的消息，西山左翼阵地失守，五团官兵虽经英勇奋战，终因寡不敌众，大部分同志已壮烈牺牲。右翼的老三团在浴血拼搏中伤亡也非常大，一些阵地同敌人反复争夺多次，还在我们手中。7时左右，我受命到三团五连去代理连长，因该连连长负重伤，指导员已经牺牲。

通信员小杨领着我沿山沟右侧，冒着密集的弹雨，艰难地前往五百米的五连阵地。敌人的第一次进攻已被打退，枪声渐渐稀疏。山坡上被炮弹削断的树木还在燃烧着。战士们在抓紧时间加固被炮火摧毁的工事。一个头上缠着绷带的伤员背靠掩体，轻轻地哼着《游击队之歌》，看得出来同志们的情绪还是乐观的。黑暗中我看不清大家的面孔，数了数，连重伤员在内，大概还剩下二十个人，连队干部仅剩下二排长，左胳膊还负伤。我简单讲了几句后，命令大家继续做好战斗准备，并吩咐几名战士到前沿收集敌人尸体上的弹药。

半个多小时后，敌人又一轮进攻开始了。还是惯例，先是一阵骤雨般的炮弹向我方打来，接着疯狗般的敌人在曳光弹的引导下，往阵地扑来。借着弹光，我看到一个军官模样的敌人，正弓着腰向我们喊话："新四军弟兄们，放下武器吧，抵抗是没有出路的。""见鬼去吧！"我骂了一声，一甩枪，那家伙扑通一声倒下去，不再吭声了，阵地上各种轻重火器刹那间同时开火，射向敌人。有的战士把几个手榴弹捆绑在一起，往敌人堆里扔，敌人一片片地倒了下去。敌人犹豫了，卧在地上不敢动。二排长抱着一挺机枪，打得眼红起来，索性立起身来，一只脚踏着战壕边沿，平端着机枪向敌群扫射。敌人被打得鬼哭狼嚎。突然一阵枪响，只见二排长身子往后一仰，栽倒在壕沟里，牺牲了。我气得两眼冒火，把枪一举，大吼一声："同志们，冲啊！把敌人打下去，为牺牲的战友报仇！"战士们端着枪跃出战壕，像一阵风一样扫下山去，打得敌人落荒而逃，这次反冲击后，阵地仍在我们手里。

天快亮时，上级命令我们撤出阵地。

周桂生团长找我去，对我说："部队剩下的人不多了，要保存有生力量，眼下只有突出重围。准备先组织个突围前卫队，你来当队长。"我望着周团长严肃的目光，知道在这个时候是没有必要多说什么的，我只说："请首长放心，我一

游击队之歌

1=G 4/4　　　　贺绿汀　词曲

55 | 11223 234 | 31217676.65 55 |
我们 都是神枪手，每一颗 子弹消灭一个敌 人，我们

11 234 5656 | 532430 5 |
都是飞行 军，哪怕那 山高水又深。在

111223 234 | 31217 67·65 5 |
密密的树林里，到处都 安排同志们的宿 营地，在

111 234 5234 | 31127 1 - |
高高的山冈 上，有我们 无数的好兄弟。

333222 | 32321765 |
没有吃，没有穿， 自有那敌人送向前，

333666 | 2223#45055 |
没有枪，没有炮， 敌人给我们造。 我们

11223 234 | 31217 67·65 55 |
生长在这里，每一寸 土地都是我们自己的，无论

11 234 5234 | 312710 ‖
谁要强占 去，我们就 和他拼到底！

定完成任务，决不会给新四军丢脸的。”周团长满意地点了点头，摊开一张铜陵、繁昌地形图，给我指明了往江北的突围路线，接着又简单交代了一些注意事项，便让我去准备了。

突围前卫队是军直属队和各团、连凑起来的，大部分同志都互相不认识。人员很快进行了编组，并组织了尖刀排，我要求所有人员全部轻装，除了武器弹药，其他东西全部扔掉。最后，有人提出推选一名指导员，我发现舒文同志也在突围队里，他是新四军军部记者，在军部时我们就认识，知道他的主意多，又能做思想政治工作，就提议让舒文同志当指导员，大家一致赞同。

深夜 12 点左右，突围开始了，一长串的突围队伍，跟在尖刀排后面，沿着东山侧洼地鸦雀无声往山谷前进。不久，半山的敌人发现了动静，问了一声口令，尖刀排用一阵机枪和手榴弹回答了敌人，于是敌人就和我们接上火了。队伍没有片刻停留，迅速跑步通过。敌人火力很猛，一些同志开始掉队了，我猫着腰督促大家快点跟上，因为一旦被敌人压制在这个洼地，那就危险了。又一排急促的子弹扫过，我一侧身，旁边有一位同志“哎哟”一声，倒了下去。我赶快跑过去一看，这位同志胸前湿漉漉的全是血。借着弹光，我发现这位同志看着眼熟，仔细一看，不由轻轻地惊叫起来：“是你，老吴，吴金辉！”

原来这是二营营长吴金辉同志，兴国县人。红军北上后，我们一起留下坚持地方游击战，同住在一个山洞里，度过了三年艰苦的南方游击战。吴金辉这时也认出了我，我撕下一块布要给他包扎伤口，他吃力地推开我说：“炳南，你……快走，别管我！”我说：“我来背你吧。”他摇摇头说：“都什么时候了，你还要指挥突围，快，把……我的枪拿走，不要落在敌人手里。”他喘了口气，紧紧攥住我的手说：“你要能突出去，等革命胜利，记得到我家去一趟，告诉我那老母亲，就说她的儿子没有……给她老人家丢脸！”

这时敌人已经号叫着冲下山来，吴金辉用力地推了我一把，生气地说道：“快走，否则，都完了！”我不能再坚持什么了，取下他身上的驳壳枪，含着眼泪离开了他，追上了突围队伍。

枪声渐渐远了，我回过头，望着茂林方向黑黝黝的山影，心如刀绞。万恶的蒋介石，自己不抗日，还不准别人抗日，把枪口对准中国人，夺去了多少优秀抗日战士的生命，这笔血债，总有一天要加倍偿还！

天亮了。

我们在江边的树林里待了一天一夜，派出附近村子找船的同志都陆续回来，可一条船影也没见到，船大多被敌人炸沉了。我和舒文坐在那儿，两人都愁眉不展。舒文烦躁地不停用布片擦着他的眼镜片。

中午，我们终于和江边地下组织取得联系，他们立即让人到江北区接头，准备派人来接应我们。我们怀着焦急、兴奋的心情等待着，舒文更是坐不住了，在江边走来走去，不住地往江北眺望着。

傍晚时分，他匆匆地走到我跟前，欣喜地对我喊道：“颜连长，江北来人接我们了！”我腾地跃起身，忙不迭地问：“在哪？”他指指身后，我才发现，他后面紧跟着两个穿老百姓衣服、腰间揣着盒子枪的大个子。前面那位同志上

黄火星

来热情地自我介绍着："我是江北游击队队长，姓刘，上级派我们来接你们过江去。"我高兴地迎上几步，一把紧握住刘队长的手，感激地说："谢谢你们，你们辛苦了！""不，应该是你们辛苦了！"刘队长爽朗地回答。接着，我把队伍集合起来，二十几天来，同志们历尽艰辛，一个个衣衫褴褛、面容憔悴，但脸上都露出刚毅、坚定的神色。此刻，大家都显得很激动，我数了数，突围时共有一百多人，现在还剩下六十多人，长短枪五十余支，机枪两挺。这是革命的宝贵财富！刘队长他们领着我们来到江边停船的地方，把我们分三批运过江去。

我上了江北堤岸，就像一只迷途很久的小鸟飞回到树林的巢穴，心里激动得一个劲扑扑直跳。不久，我们到了无为县北马州。在这里我见到了我的老三团政委黄火星同志，他正带领几位同志在等着我们，并为我们全部突围的六十多名同志召开了欢迎会。在会上黄火星政委鼓励我们说："你们冒着生命危险，突破了敌军的重重包围，历尽了千辛万苦，回到了革命军营，这种英勇顽强的革命精神，是值得我们学习的。"此刻，我们的眼泪再也止不住了。许久，我才喃喃自语道："党啊，我终于又回到了您的怀抱！"

（本文选自新华网）

抗战岁月常萦怀

口述/徐霭庭　整理/赵东云

1928年农历五月，我出生于江苏盐城永民乡一个教师之家，父母生养了七个子女，我是最小的孩子。五六岁时，我就跟着哥哥到学堂旁听，稍大一些，开始正式上学，读一些《三字经》《百家姓》《幼学琼林》《古文观止》之类的读本，有了一点文化基础。

那时，日军大举侵华，盐城一带虽然暂时没被占领，但是老百姓也是群情激愤、议论纷纷，我们读书也是时断时续。

1939年春，新四军来到我的家乡，民运队在当地开展抗日宣传，发动群众。新四军民运队中有许多女同志，她们个个英姿飒爽，真令我们羡慕。民运队的工作很有成效，群众被动员起来，女孩子们改掉了缠脚等封建陋习，包办婚姻也不允许了。更让我们振奋的是，附近的村落纷纷建立起了儿童团、青抗会、农抗会、妇抗会等抗日群众组织。那时我十二三岁，不仅参加了儿童团，而且还当了儿童团长。每天站岗放哨，有时还为新四军和党组织送信，忙得不亦乐乎。

少奇同志给我“革命启蒙”

1941年1月，震惊世界的皖南事变爆发之后，中共中央和中原局决定在盐城重建新四军军部，陈毅代理军长，刘少奇任政委，领导华中军民抗击日军和顽固派，华中地区的抗日形势因此不断发展。

我常跟随父亲到盐城的姑妈家玩。姑妈家在泰山庙旁边，那时的新四军军部就设在泰山庙。1941年的春节，我有较长一段时间都住在姑妈家里，时常跟表姐出门玩。听大人讲，泰山庙住了许多新四军，他们专打日军，保护老百姓，与别的部队大不一样。表姐和我感到很新鲜，就和小伙伴们一起到泰山庙大门附近玩，见到新四军的叔叔、阿姨进进出出，有的步行，有的骑马，有的骑自行车，都很忙碌。一声哨响，新四军立刻聚到一块，齐唱军歌，唱《三大纪律八项注意》等，然后一起围着圈中的一大盆菜，蹲着吃饭，军纪严明可见一斑。

在来来往往的军人中，有一位首长引起了我的注意。他身材高瘦，身着深灰色棉衣，有时在院子中缓缓踱步，似乎在思考问题；有时带着几个挎着短枪的军人，翻身上马，策马而去。我从表姐口中知道，这位首长就是刘少奇同志（当时化名胡服），是一位高级领导，当时担任华中局书记和新四军政委。但是他的衣着与普通新四军指战员没有多少区别，我心中油然产生敬意。

一天，表姐和我商量到军部里面看看。我们冒冒失失地进了军部大院，然后又准备朝屋子里去。在门口站岗的哨兵正欲上前阻拦，只听见屋子里一个平和的声音传出来："让孩子们进来吧。"我们进了屋，发现办公桌后坐着的正是

1941年，任中共华中局书记、新四军政治委员的刘少奇

我们敬仰的新四军大干部刘少奇，他正微笑地看着我们。我就走到办公桌前，桌上放着一堆报纸，我看到第一份报纸是《江淮日报》，口中读道："江淮日报。"

刘少奇同志听了，有点意外，便说："小姑娘还识字？参加儿童团了吗？"

我立刻回答道："参加了。"跟着问了一句，"大伯，你在做什么呀？"少奇同志答道："在工作呀！"

我问道："什么工作呀？"刘少奇同志说："就是干革命。"

我又问："什么叫干革命呀？"刘少奇同志笑了起来，答道："就是保卫家乡，打走鬼子。"

我立刻说："等我长大了，也要干革命。"刘少奇同志连声说："好，好，小鬼有志气。"

受到刘少奇的表扬，我有些害羞，便拉着表姐的手，笑着跑出了屋子。

我和表姐贸然闯进刘少奇同志的办公室这件事，给我留下了人生永恒的印象。后来，我真的走上了革命道路，那次刘少奇同志与我的简短谈话，正是对我最初的革命启蒙吧。

两次脱险，经历难忘

十三四岁时，我当了村妇救会主任，十七岁时又担任了乡妇救会主任。当时妇救会的任务就是动员妇女支持新四军、共产党，为抗战服务，进行抗日宣传，还帮助征公粮、做军鞋等，也很忙碌。

1941年以后，随着日军侵略的不断深入，家乡的抗战形势日益复杂，除了新四军外，国民党也想"恢复"政权，日军、伪军在我的家乡频繁活动。敌人不仅想消灭新四军游击队，也妄图打击镇压，妇救会等抗日群众组织因此，我

从事妇救工作，也充满危险。抗日期间，我曾多次遇到险情，其中的两次险情，令我终生难以忘却。

1944年下半年的一个清晨，伪军下乡来了。伪军这次来，是想抓我和农抗会洪主任。洪主任家与我家隔河相望，因此，伪军兵分两路，直奔我家而来。当时，我正好住在家里，凌晨五六点钟，正是睡觉的时候。乡邻见伪军来了，慌忙大声喊叫："伪军来了，不能停，和家里人快跑！"我被这突然的喊声惊醒，忙起身从后门出去，沿着田间小路拼命奔跑。敌人见我家里没人，就跟着追击过来，身后枪声不断响起，子弹激起的水花溅到了我的身上。跑着跑着，我见路边一户老乡家正在院子里磨粮食，慌忙进了屋，扯了一块白布巾裹在头上，又围上腰襟，然后到院子里假装帮忙推磨。伪军追至这里，但却没有发现我，感到奇怪，就问我们刚才进屋的人到哪里去了，我们说没见什么人进屋。就在这个关键时刻，外面传来抓到了洪主任的消息，那个伪军就走了……

1945年春，我到敌占区去召开妇女座谈会。会议是在我父亲的一个学生的家里召开的。会上，我向大家分析了抗日形势，要求大家提高警惕，注意敌人的"扫荡"。正准备布置近期工作时，外面有人来报告说日伪军来了。原来，这队日伪军从外面回据点，从这附近经过，由于伪军小头目与这户人家熟悉，便想过来混饭吃。户主从窗户看到远处缓缓而来的日伪军，急得一身汗，赶紧揣了几个钱迎上前去，他想以请日伪军到镇里下馆子为名，把这伙不速之客堵截住。但是，堵截并没有成功，那个伪军头目说时间还早，先到他家里坐坐，休息一下，然后再吃饭。

日伪军越来越近，我们急忙从后门撤离，跑了一小段路，一条小河挡住了去路。此刻我们也顾不得脱下衣服，直接蹚水过去，然后在河对岸的芦苇荡中隐蔽起来。隐蔽多时，天色已黑，我们估计敌人走了，才敢出来，总算躲过了这次劫难。

1946年5月，经指导员介绍，我加入中国共产党，次年，组织上让我到邻乡王家湖完全小学教书。1948年冬的一天，组织突然送来消息，让我迅速到盐城县城去接受任务。到了之后才知道，淮海战役已经打响，需要大批干部，组织要我跟随淮海区党委去安徽工作。就这样，我来到了合肥。当时，家里对我的情况一无所知。

后来，每每回顾人生，抗日战争那段岁月最为难忘。在那个民族遭难的时期，既感受到山河破碎的艰涩与辛酸，也感受到与同志们共同工作、战斗的激情与豪迈。如今，硝烟早已散尽，神州大地一片繁荣景象，我深深感到，只有不断增强民族的凝聚力，加快发展，实现强国梦、富国梦，实现伟大的中国梦，那段充满屈辱的民族血泪史才不会重演，祖国和民族发展的前景才会永远灿烂而辉煌。

（本文由北京新四军研究会供稿）

忆抗战初期在广州的一段经历

文 / 谈子峰

抗战开始后，广州人民立即行动起来，纷纷参加各种形式的抗日团体，积极开展工作。短期内便有演讲队、歌咏队、义卖队、募捐队到处活动，广泛进行救国宣传。

1937 年 8 月底，日军开始用飞机向广州人民施暴。惨无人道的空袭，使广州居民的生命、财产遭受到严重的损失。为了应变，一些大中学校开始搬迁，市民也开始疏散，返乡避难，整个城市陷入一片惶恐之中。

1938 年 1 月起，敌机几乎每日都有侵袭，有时还一日数次，甚至夜间亦不例外。因此市区实施了灯火管制，入夜后家家户户用黑布遮蔽窗门，大的建筑物，如爱群大厦的外墙，则刷成灰黑色。每次入侵的敌机，有多有少，也不一定每天投弹，有时是飞行经过，有时在上空盘旋侦察，或做骚扰性飞行；除了过路敌机外，敌机一般飞得比较低，也比较慢，连那机翼上的“红膏药”都清晰可见，声音特别刺耳。由于当时市区的高射炮阵地没有发挥威力，只听到炮弹在上空开花，很少击中敌机，致使敌机在广州上空自由来去。

每当警报器发出凄厉的声响后，人们总会感受到死亡的威胁，很快就在义务执勤人员的疏导下，随着人流进入防空洞或比较坚固的建筑物体内避难。当防空警报发出后，特别是在听到敌机飞行的轰鸣声时，是全市最为安静的时刻。谁都憋着气不说一句话，连小孩的啼哭声、老人的咳嗽声都消失了，人们总是闭着眼睛，期待着敌机远离，解除警报的长鸣早点到来。

起初，人们在听到敌机声，或像闷雷似的远处炸弹爆炸声，都会不寒而栗。后来人们渐渐地习以为常，再后来便能处之泰然，总觉得炸弹不会这么巧掉在自己的头上，就算真的碰上也是各安天命，所以大都能够镇定不慌。一旦解除警报，大家便各走各的路，恢复了自己的活动，商店又开门营业，好像什么事也没发生过。

抗战开始那年，我还是个十七岁的青年，父亲是个校工，已随学校疏散去了澳门。我正处于失学待业阶段，面对国难当头，在日军对广州频频空袭的境况下，我决定留下来，并参加了广州红十字会救护训练班的学习，打算做些救死扶伤的工作。这个班设在东山均益路的一幢几层高楼里，房屋主人已逃难去，闲置着没人居住。首层被用作班部兼课室，二三层作宿舍，共招收了男女青年十多人。学习内容有：对各类伤员的急救方法，对伤员不同部位的包扎法、人工呼吸法以及徒手或使用担架运送伤员的方法，红十字会章程，药物学、骨折处理学、诊断学等等。由两广医院选派医生、药师、护士前来讲课。平时，我们听课与实习相结合。有了警报，即各自携备药箱和担架，成为义务救护队员，整装待发。

救护队没有车辆装备，每次行动全靠两条腿。不过，在紧急情况下，挥动红十字旗截车，大多数司机都能无条件地送我们到受炸地区去，这种相互支持、万众一心，为抗日救国出力的现象十分普遍。我在队里时间不长，5月便参加了广东负伤将士服务协会组织的战地流动服务队，出发到河南、安徽等省前线去为负伤的将士服务。

我在广州参加这两次抢救工作，多年后仍记忆犹新。日军空袭广州，起初是以破坏机场为主，很少伤及人员，救护队为防万一，取得抢救时间，有时派部分人员早早到机场附近守候。有一次，我被派在天河机场附近的小树林里守候，清楚地见到敌机在空中盘旋，突然俯冲向一座小庙投弹，整座庙当即倒塌，一大片尘土冲向天空。我们跑步到达现场，但只见瓦砾遍地，不见伤员，不知道是否有人被掩埋。经伏地静听检查，并无呻吟或喘气声。不一会，许多人前来观看，告知庙内住有一个祝公，于是我们按方位定向重点清理木头瓦砾，果然发现一具屈膝下蹲的男尸，口中含饭，判断正在吃饭。在靠近庙门处，当清理了瓦砾，又发现另一腿骨折断的男子，尚有微弱脉搏，经急救处理，用担架抬送医院，但中途已不治身亡。

另一次，我亦在天河机场附近守候，敌机在市区投放燃烧弹，炸中西关一间车衣厂，燃起熊熊大火。这时是中午，正是工人用餐的时间，在警报鸣放后，循例关闭厂门铁闸，厂内被炸起火，慌忙中找不到钥匙开闸逃生，连工人及送饭家属一百多人全都丧生。消防人员奋力灭火，打开闸门运出尸体。我们赶到现场，见到不少尸体被摆放在人行道上，面目全非，惨不忍睹。我们每抬出一具，认尸的人哭声震天，十分悲愤，痛骂日本强盗惨无人道，轰炸非军事目标，滥杀无辜平民。这是我离开广州前，首次见到如此多人被日本侵略者杀害的惨状。日军在1938年5月的最后三天，对广州进行连续大轰炸，每天死伤人数都超过千人，炸毁民房数百间，罪行更为恶劣。

国家仇，民族恨，深入脑际，因此我在1941年投笔从戎考入军校，成为一名军人，在抗日战场上出了一点力，尽了国民应尽的责任。

（本文选自《广州文史》，白云区政协供稿，有删节）

难忘的武篆野战医院生活

文 / 黄明政

1930 年春，我们红七军第二纵队在隆安战斗后，转到恩隆（今田东）、奉议（今田阳）以北。敌人乘机占领了恩隆、奉议县城，为巩固其阵地，在恩隆县城北的马鞍山建立了一个较大的前哨据点。我军在敌人立脚未稳时发起突然袭击。在这次战斗中，我身上三处负伤，其中有一颗子弹从我的牙床、舌根穿过，伤势较重。遵照上级指示，我和其他伤病员一起到一百多里外的东兰县武篆临时野战医院去治疗。在沿途各族人民的热情帮助下，我们顺利地到达了医院。

到医院后，大家听到了一个激动人心的好消息：敬爱的邓小平政委要来医院看望我们。大家高兴极了，都盼望早日见到军首长啊！

一天上午，邓政委来了！

他在院领导陪同下，一个病房一个病房地看望伤病员。我们坐在病房里等着，心里可急了。时间好似偏偏跟我们作对，过得特别慢。等啊，等啊，邓政委终于来到了我们病房。

邓政委神采奕奕，和蔼可亲，一进门，就亲切地向我们问好，查看我们的伤势，询问我们的困难。我们激动地望着他，嘴唇颤动着，却说不出话来。

“好！很好！”大家好容易才迸出这几个字。

邓政委笑了。他摸摸床铺，看看摆在病房的医药、用具，关切地说：“现在医疗条件差，困难不少，可你们是革命战士，在战场上不怕流血，在医院不怕困难。在根据地人民的支援下，相信你们一定能够克服困难。”

邓政委好像还知道我们的心事：早日出院，重上前线。他劝我们不要着急出院上前线，勉励我们安心养伤，伤好后，上前线多杀敌人。

首长的话像一股暖流温暖了每一个同志。大家一致表示：一定听首长的话，争取早日重返前线。

邓政委看望伤病员后，当即召集院领导、医护工作人员和地方党、政负责人在一起，嘱托大家要千方百计医好伤病员，研究各种办法改善医疗条件。

邓政委看望我们两天后，医院管理员给我们每人发了一块大洋，说是邓政委、张军长决定奖给我们的。这些天，我的心一直不能平静。我的家在凤山县平乐区相圩那雄村，贫苦得很，全家人不知道出路在哪里，是韦拔群等同志宣传党的主张，使我看到了光明；是东兰、凤山一带党领导的农民运动和武装斗争蓬勃发展，使我投身到革命中来。在革命队伍中，我积极参加斗争，打土豪劣绅，认真站岗、放哨。百色起义后，我抱着为百姓打天下的目的，参加了红军。参军后不久，我受过简单的军事训练，就投入保卫百色城的战斗。我们第二纵队第二营六连勇猛地从县政府里面向大街冲去，毫无畏惧地扑向敌人。经过三四个小时的激烈战斗，我们胜利了。敌人逃走了以后，我又参加了隆安战斗。我在这次马鞍山战斗中负伤后，连包扎都顾不上，只管向前冲去，一直到战斗结束，才把伤口包扎好进了医院。这些战斗的往事，在我头脑中是那样清晰。我的每一点进步，都是来自党的教导和首长的关怀、培养。今天，我负了点伤，军首长这样关心，我永远不会忘记。

武篆医院是临时组建的野战医院，各方面条件比较简陋，医疗器械几乎没有，药品非常少，医护人员也不多。但医护人员和伤病员遵照邓政委的指示，依靠人民群众的支援，采取了许多土办法进行治疗，战胜了困难。

东兰县工农民主政府领导同志和各族人民群众，对我们伤病员关怀备至。他们看到医院医护人员少，就组织妇女慰问队，协助医院搞清洁卫生、烧水、消毒、采草药；帮助伤病员端水送饭、洗衣补衣、换洗被子、倒便桶，成为医护人员的好助手。军民关系，亲密无间，像一家人一样。

医院内部，工作人员和伤病员，团

邓小平

结互助，相互配合。药品缺，能走动的伤病员跟医护人员一起，翻山越岭采草药，敷伤口，把采来的有消炎功能的树叶、树皮、树根碾成粉末，做成药膏敷伤口；患了感冒，头痛发烧，找些生姜辣椒熬汤喝；肚子痛，就用小瓦罐或牛角在痛处拔；中暑，用小碟在胸部和背脊上刮，一直把皮肤刮出紫色。这些办法虽土，确实解决了不少问题。我的伤口就是用草药治好的。

这个医院有伤病员三四百人，在军首长的关怀鼓励下，大家没有被伤病所压倒，充满了革命乐观主义精神。伤口痛了，没有止痛药，咬紧牙关，不吭一声，硬挺过去。有的伤病员实在忍不住，也只是轻轻地呻吟。疼痛过后，大家又有说有笑。

医院的病房大多是临时借用的草房，只有少数几间瓦房。为了不增加医院和群众的麻烦，我们伤病员坚持着自己动手，解决困难：房子漏风漏雨，我们用木板或自编的草席挡住；阴暗潮湿，就在晴天打开门窗，让太阳晒进来，让风吹进来；没有床铺，设法借门板、木板搭起来，伤势轻的同志干脆找捆稻草打地铺。东兰县的春夏季，蚊子特别多，我们没有杀虫药又没有蚊帐，开始被叮得整夜不能休息。大家在实践中想出了很多办法，或烧晒干的艾叶熏蚊子，或用两根竹竿把夹被撑开当蚊帐。艾叶烟熏人，夹被闷人，但总算避免了蚊子的光顾，可以睡得好一些。

当时，由于敌人封锁，加上交通不便，红七军指战员的生活都很艰苦。我们伤病员表示绝不要特殊照顾。粮少，我们吃粗糙的玉米粥；油盐缺，我们喝没油少盐的南瓜汤；菜少，大家吃瓜藤、瓜花、瓜叶，上山找竹笋、野菜；没有肥皂、牙膏等日用品，同志们用过滤后的草木灰水当肥皂，用毛巾擦牙齿代替用牙膏刷牙；没有烟叶，有吸烟嗜好的同志找树叶当烟抽。

不管怎样，在军首长的关怀下，在群众的支持下，我们的生活比当地群众、部队好多了。因此，在那样艰苦的生活中，我们没有怨言，只有对党、对首长、对群众的感谢。在那样艰苦的生活中，大家精神愉快，文娱生活很丰富。善歌善舞的轻伤病员，自编自唱革命山歌和民谣，常常是二胡一拉，大家就随着曲调哼唱。慰问我们的青年妇女见我们高兴，更是歌不离口，自编很多壮族山歌，十分动人。可惜要把壮话改成普通话唱，有的句子很难翻译，现在，好多歌记不清了。

一个多月后，我的伤口痊愈，愉快地回到了战斗岗位，被分配到第三纵队第三营九连当通信员，当即随部队去都安县开辟新根据地。

（本文选自《广西革命斗争回忆录》）

“我们全家打鬼子”

口述/韩友庆　整理/吕俊平

韩友庆，山东寿光人。1921 年 10 月出生，1938 年 7 月参加八路军，1939 年 1 月加入中国共产党。历任八路军鲁中军区和山东纵队班长、指导员、教导员等职。离休前为第二炮兵政治部主任。

父母率领乡亲创建“抗日模范村”

“我的父亲叫韩树均，母亲叫张月光。”韩友庆老人向记者介绍。

1937 年，当日军闯进寿光县（今寿光市）西景明村后的一天晚上，满腔怒火的韩树均和张月光，在日军炮楼附近的村小学秘密加入了党组织。夫妻俩面对党旗庄严宣誓：“为了党的利益和民族解放英勇奋斗，不怕牺牲！”充满豪气的话语铿锵有力，掷地有声。

从此，他们全力投身抗日工作。在他们的带领下，乡亲们的抗日热情极为高涨。全村五分之四的村民参加了农救会、青救会、妇救会和儿童团。他们还带领大家为八路军做军鞋、缝军衣、烙干粮、当向导、抬担架。当时，全村人只有一个心愿：“齐心协力，打败鬼子”。

敌人对韩树均夫妇和西景明村的群众恨之入骨。为了扑灭这股抗日烈焰，敌人四次到村里进行“扫荡”，把包括韩树均的胞兄韩秀斋在内的九名党员、二十四名抗日志士残忍杀害，对群众进行疯狂毒打，还毁坏了数百间房屋。一次，敌人把韩树均抓到据点后，用老虎凳等酷刑对他进行折磨。后来，在组织的营救下韩树均才得以生还。

敌人的罪恶行径使韩树均和张月光更加坚强和勇敢，他们带领乡亲们擦干血迹，在烈士倒下的地方坚决抗日。

韩友庆说：“在我们村的村史里，有关抗战这段历史的记述非常翔实：从1937年到1939年的三年时间里，我们全村募捐救国款四次，捐长枪一支、子弹五百余发，为抗日队伍烙大饼两千多公斤，先后将四十二名优秀儿女送去参加八路军。我父亲韩树均还和村民一道把伪军隐藏的一门迫击炮、九枚炮弹、八枚手榴弹和五匹骡马，运送给八路军清东独立团，有力地支援了抗日斗争。我们西景明村因为抗日工作成绩卓著，被渤海专署、渤海军区命名为‘抗日模范村’。”

大儿子奋勇杀敌被评为“战斗英雄”

“我父亲经常指着鬼子的炮楼教育我和弟弟们，宁死不当亡国奴，坚决把鬼子赶出去。”韩友庆说，在父母亲的影响下，他从小就树立起奋勇杀敌、忠心报国的志向。

1938年7月，韩友庆如愿穿上了灰布军装，成为一名八路军战士。战斗中，他不怕流血牺牲、奋勇杀敌的事迹在军中传为佳话。

一次，八路军决定消灭蒙阴守敌，命令时任五连指导员的韩友庆带领连队在土墩山阻击敌人援军。蒙阴是鲁南的军事枢纽，敌人不甘心丢失这一战略要地，派出大批兵力救援。战斗打响后，黑压压的日军朝土墩山爬来。“打！”韩友庆一声令下，全连战士一齐开火，敌人应声倒下一片。后边的敌人在指挥官的威逼下，仍然蜂拥而上。子弹打光了，韩友庆就和战友们搬起石头砸向敌人。不一会儿，连石头也没有了。韩友庆大喊一声：“冲啊！”操起一支步枪带领战士们冲出战壕和敌人肉搏。一个五大三粗的敌人端着刺刀迎面向韩友庆刺来，韩友庆挥枪一挡，但手腕还是被刺中了。韩友庆被激怒了，“啊”地大叫了一声，趁敌人愣神儿的瞬间，他猛地一个冲刺，结果了这家伙。另一个敌人见韩友庆神勇无比，转身就跑，韩友庆一个箭步冲上去，从后边结果了他的性命。

指导员的英勇表现，使全连官兵士气大增，他们像下山猛虎一样和敌人展开了殊死搏斗。这一仗，全连消灭敌人五十九名，生俘四名，缴获了一大批轻重武器。战斗结束后，韩友庆被鲁中军区授予“战斗英雄”荣誉称号。

二儿子细心护理伤员成为医院院长

讲完了自己的故事，韩友庆又讲起了弟弟韩吉庆的故事。他骄傲地说：“我弟弟参军时只有十三岁！”

1940年，韩吉庆心怀像大哥韩友庆那样当个战斗英雄的愿望，毅然告别父母到游击支队当了一名战士。谁知，韩吉庆当兵刚三天，腿上就长了一个脓包，痛得无法行军，被送到医疗所就医。病好后他正准备归队时，组织上通知他留下来干护理伤员的工作。韩吉庆一百个不愿意，他一心一意要像大哥那样上前线打日本。可所领导告诉他，干护理也是抗战的一部分，都是为了打败日军。韩吉庆拗不过组织，只好答应留下来干护理的工作。

那阵子，日军到处“扫荡”“清剿”，部队天天打恶仗，伤员一批批地往下抬，韩吉庆没日没夜地为伤员洗伤口、上药、缠绷带。看到经过自己的精心护理，一个个伤员很快康复，又生龙活虎地走上杀敌战场，韩吉庆十分高兴。没多久，

他就喜欢上了护理的工作。

为让伤员们早日返回前线杀敌，韩吉庆起早贪黑搞护理，有时要同时护理二三十名伤员，一天忙下来累得连饭都不想吃。一次，渤海军区有一位姓刘的“爆破大王”，在炸敌人据点时受了重伤住进了医疗所。因缺乏消炎药，他的伤口上长了蛆，韩吉庆便用手一点点把蛆扒了出来，用盐水给他消毒，再用绷带缠好。经过韩吉一个多月的细心护理，这位“爆破大王”重返战场。

在五年时间里，经过韩吉庆和战友们精心护理，先后使近千名伤员恢复健康，重新走上了抗日前线。由于工作出色，后来他成长为野战医院的一名院长。

韩友庆还告诉记者，在父母亲和我们影响下，不满十岁的老三韩寿庆也肩扛红缨枪，当上了站岗、放哨、查路条儿、送情报的儿童团员，成为一名抗日小战士。

最后，韩友庆老人感慨地说：“我们家只是千千万万个抗战家庭的一个缩影，当年，夫妻、父子、兄弟同上阵，齐心协力共赴国难、抵御外侮的情景比比皆是。只要我们发扬抗战精神，团结一致、众志成城，就能战胜任何困难，把我们的国家建设得更好！”

（本文选自《解放军报》，有删改）

白求恩的平山岁月

文 / 卢海雄　张金泽

白求恩

抗日战争时期，身为英国皇家外科医学会会员、在美国和加拿大享有崇高声誉的胸外科专家、国际共产主义战士诺尔曼·白求恩，放弃在本国的优裕生活、远涉重洋，来到中国。白求恩先后两次来到平山，组建晋察冀军区医院，积极抢救八路军伤病员，为中国的抗日战争作出了不可磨灭的贡献，在平山这块红色的革命沃土上留下了短暂而光辉的一页。

1938年6月17日，白求恩从延安到达晋察冀军区司令部所在地山西省五台县的金岗库村，随后又来到该县的松岩口村。在那里，他亲自领导创建了军区的第一所模范医院。医院建起之后，白求恩又带领医疗队翻越太行山区的高山峻岭，经过平山县的王家坪、合河口，到达四分区后方医院龙窝村。在这里，白求恩为六十多名伤病员做了手术，认真检查了这个医院的医疗工作。之后，白求恩于10月22日到达四分区司令部所在地洪子店。在洪子店，白求恩参加了群众反“扫荡”胜利庆祝大会，深入到群众当中搜集抗日军民的事迹，并向当时的晋察冀军区司令员聂荣臻同志提出了很多的工作意见和建议。

当时，八路军晋察冀军区医院已经从山西省五台县松岩口迁到了平山县观音堂乡花木村。花木村是平山西部的一个小山村，重山环抱，山上树木茂密成林，地形极为隐蔽，容易躲避日军的“扫荡”，非常有利于伤员养病疗伤。这个时期，白求恩曾先后两次到花木村为伤员做手术。当时就住在村民张万红家里。这是一处完整的四合院。三大间北正房，东、西、南三面厢房，南厢房带过道，门朝东开，门前是一条小路，门上刻着“平为福”三个字。院内六级台阶都用长条石板砌成，正房是典型的青瓦人字形屋顶，屋内地面也用平板石铺

就，足可见当时房东主人生活的殷实。据村里老人讲，白求恩在花木村曾住过一个月之久。在救治伤病员的同时，也热心为村民们看病。现任村支书张四小回忆，他母亲当年胸部长了个大瘤子，当时对于一般老百姓来说，连吃饭都不能保证，哪有钱买药看病。再加上花木村地处深山，交通不便，即使有钱也很难买到药，所以只好硬撑着。白求恩来了以后，就为她打了麻药，开刀做了手术，做过两次以后就全好了。另外，还有个村民叫张喜红，四十多岁，起了浮皮疮，浑身又痒又痛。白求恩大夫抽空给他打了一针，后来也没有再犯过。一说起这些事，他们都是十分钦佩的口气。白求恩以他实实在在的行动阐释了对中国人民的深厚感情，体现了崇高的国际主义精神。

那个时期，白求恩一直辗转于军分区医院所在的各村，积极为伤员治病疗伤。由于当时环境恶劣，缺医少药，不少重伤员因抢救无效死亡。从1938年至1942年近五年的时间里，花木村军区医院前后共收治了平山、五台、灵寿、阜平等抗日战场转移下来的近五千名伤病员，其中就有七百多名重伤员在医院死去。他们的忠骨被埋葬在花木村周围的四道山沟里。村里一位老人说："当时，村子四面几道沟的山脚下，到处都是坟。"这些死去的革命烈士，全都没有留下籍贯和姓名，成了真正的无名英雄。1995年抗日战争胜利五十周年，平山县委、县政府专门在村东为这些烈士竖立了纪念碑，详细记载了这些光荣的革命事迹。

在花木村，白求恩还曾为两名日本战俘做过手术，其中一名是日军的高级军官。白求恩在为他们做过手术后，还特意同他们照了相。1938年11月2日，白求恩在常峪村给晋察冀军区司令部写报告说："……我于10月27日离开花木前，为这两名战俘和林大夫等拍摄了一张合影，林大夫穿着医务人员的长罩衫，上饰红十字和八路军袖章。我本人也和他们一起照了相。建议为这两个战俘派去一名日文译员，要他们写信给日本亲属，附寄上述照片。另需在印发他们的家信和照片时加以说明，作为在敌占区和对外散发的宣传品。"

10月29日，白求恩回到了军区司令部所在地蛟潭庄。聂荣臻司令员亲切会见了他，并向他介绍了当时的抗日形势。当白求恩听说王震旅长率领的三五九旅挺进雁北急需医疗队支援时，立刻要求把这项光荣而艰巨的任务交给自己。聂荣臻同志考虑到雁北地区气候寒冷，便把刚从日军手中缴获的一件航空服交给了白求恩。白求恩非常高兴，特意穿着这件航空服照了相，接着就离开蛟潭庄，到常峪村的军区卫生部筹备组建医疗队。

到常峪村时太阳已经快落山了，白求恩一出现在村口，村子里立刻像开了锅似的传开一条新闻："美国大夫来了！美国大夫来了！美国大夫骑着一匹大红马，跟随他的翻译也骑着大红马。"一传十，十传百，不一会儿工夫，这个百十户人家的村子就传遍了白求恩到来的消息。那时候，老百姓不知道白求恩的名字，也不知道他是加拿大和美国共产党派遣来援助抗战，所以称他为"美国大夫"。第二天，白求恩就由翻译人员陪同，到老百姓家里去看望伤病员、巡视医疗情况。老百姓站在街头，向他投以敬慕的

1939年，白求恩（二排左一）初到平山县洪子店，三排左一为熊伯涛，三排左二为刘道生

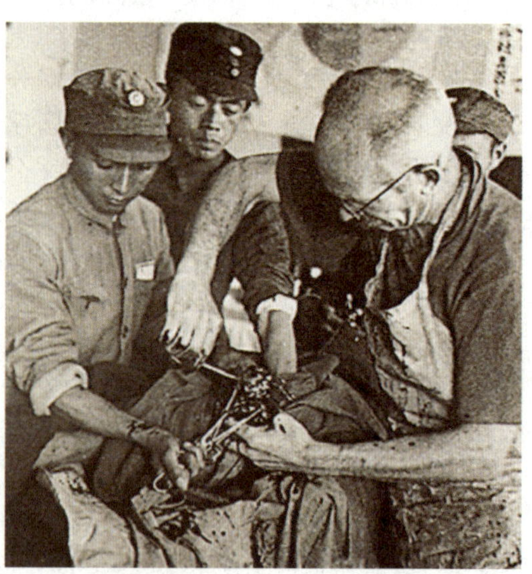

白求恩大夫（右一）在晋察冀边区抗日前线为八路军伤员做手术

白求恩给八路军小战士看病

眼光。孩子们觉得好奇，争着靠近看他，白求恩微微一笑，不时地弯下腰和孩子们逗趣，显得特别亲切。当时手术室设在普通农户家的房间里。这次，白求恩在村里住了七八天，每天做两三例手术。最为人们称颂的是截肢手术。老百姓叫锯胳膊、锯腿。村民们广泛宣传：某某战士，被日军炮弹炸烂了腿，要不是白大夫给锯掉半截，性命早就完了。也有人说，这位大夫可厉害了，好训人，医生、护士都怕他。其实这是白求恩看到当时一些医生护士对伤病员不负责任或者医疗操作不规范而生气，指责批评他们。当时的生活条件非常艰苦，战士们多以小米、玉米面、山药蛋等作为主食。白求恩要求他的厨师给他做饭也以粗粮为主，和战士们共患难。厨师过意不去，每次做饭就多做一两个现有的菜，在蒸熟的山药蛋上放一点白糖，就算是对白求恩最好的照顾了。11 月 6 日，白求恩离开平山，经阜平下关到了灵丘、广灵前线。

1939 年 1 月，北方分局在蛟潭庄不远的北苍蝇沟召开高级领导干部会议，白求恩接到聂荣臻司令员的电报以后，又回到平山县蛟潭庄，并参加了正在召开的边区党代会。白求恩在大会上发表了热情洋溢的讲话，他说："今天我来帮助你们，明天你们胜利了，同样会帮助我们。只有中国人民和全世界人民包括加拿大人民团结起来才能战胜法西斯。"大会还没有结束，聂荣臻司令员就告诉他，贺龙师长和吕正操司令员邀请他带领医疗队到冀中工作。白求恩听了十分高兴，他立即回到军区卫生部所在地合河口村，马上组建起一支十六人的医疗队，并于 1939 年 2 月 15 日出发，进入冀中平原。

白求恩两次到蛟潭庄，虽然只有短短的几个月时间，但他为老乡送药看病的事儿，至今老人们记忆犹新。特别是他关心爱护山村小姑娘的动人事迹，更是有口皆碑，现在仍被人们传颂。当时，村里有个七岁的小姑娘叫王兰月，她家境贫穷，衣着褴褛，从小给人家做童养媳。她家离白求恩的住处很近，经常跑到白求恩那儿去玩耍，看他给伤病员做手术。时间长了，他们认识了。翻译老董告诉白求恩，王兰月是"童养媳"，他深表同情，于是经常让她跟自己在一起喝水、吃饭，还亲自给她洗脸，梳头。有一次，他见小兰月的衣服破烂不堪，就把自己的衣服改成了八件内外衣，送给小兰月，其中有一件是镶有十二国国旗的上衣，据说是象征着十二个国家的团结、友谊和联合。白求恩关心贫穷小姑娘的事，很快就传遍了全村。至今在人们中间还流传着"兰月是白求恩大夫的干闺女"的事。

"八路军是英雄的军队，中国人民是伟大的人民，我爱他们，我知道他们也爱我。"白求恩最终用自己的生命为这种跨越重洋、跨越种族的爱心做出了最深刻的阐释。站在花木村当年他所住过的旧居前，房屋仍在，斯人已去，四围高山静立，翠柏青松肃然，似乎都在默默地哀悼这位中国人民最好的朋友，平山人民最好的兄弟。

白求恩，一个永远铭刻在平山革命史上的名字，一个永远活在中国人民心中的英雄。

（本文选自《非凡岁月》）

抗战中的“画界一士卒”纪事

文 / 李满星

赵望云

赵望云（1906 年—1977 年），现代画家，河北束鹿（今辛集）人。早年与王森然、李苦禅等组织吼虹艺术社，1937 年创办《抗战画刊》。擅长山水、人物，创作面向生活，画风于质朴厚重中蕴含秀雅，尤擅长表现陕北山水和各族人民的劳动生活，为长安画派的开创者之一。曾任西北军政委员会文化部文物处处长、中国美术家协会常务理事等职。

在20世纪30年代，画家赵望云因其画作为生民立命，受到读者广泛赞誉。冯玉祥将军也极欣赏，亲自为其画作配白话诗，在海内外传为佳话。

筚路蓝缕的画家

九一八事变后，日军侵占了东北，山河破碎，民不聊生。悲愤至极的赵望云，以深深的道义感，行走华北平原、长城内外、塞外草原、泰山脚下、大江南北及大西北黄河源头，深入农村，旅行写生。他以画笔记录贫苦百姓遭受的深重灾难，以画作表现祖国大地的千疮百孔……

1932年底，他应《大公报》之邀，为该报特约旅行写生记者，开始了旅行写生记者的生涯。怀天下之苦人，求笔墨之生动。他先从最熟悉的河北农村开始，徒步行走，开始田野采风，奔波于田间地头去写生，再现当时农民的疾苦和呻吟，再现人们不愿做亡国奴的挣扎和呐喊。从1933年早春二月至初夏6月，整整五个月，足迹遍布冀中农村十五个县的乡村。《大公报》开辟“赵望云农村旅行写生”专栏，分十五期连载，共发表一百三十幅作品，每一幅画都深深地打动了国人的心，赵望云也获得了“平民画家”的称号。

这一年夏天，赵望云第二次应《大公报》之约，沿着正在修建的陇海铁路旅行写生。他从连云港开始，途经江苏、山东、河南三省一百多个县，行程上千公里，最后在8月中旬到达陕西潼关，陆续在《大公报》发表作品三十幅。赵望云平均每天发表写生画作高达一幅，其勤奋辛苦可见一斑。

1933年9月1日，天津《大公报》将赵望云周游河北冀中平原写生画作结集出版。赵望云在“自序”中写道：“我是乡间人，画自己身历其境的景物，在我感到是一种生活上的责任。此后，我要以这种神圣的责任，作终生生命之寄托。”

布衣将军为画作配白话诗

《大公报》连载赵望云农村旅行写生作品时，布衣将军冯玉祥从赵望云画作中看出老百姓苦难的真实生活，特将赵望云画作，一一剪贴在自己的日记本上，时时翻阅，并用四个月的时间，为每一幅画配上白话诗，如“炎炎烈日高，父子同锄苗”“小村庄，小村庄，一片衰落的景象！去年旱灾才过，今年又遇水荒，说什么农村建设，说什么农村改良”“小媳妇，大姑娘，坐在院内话短长；两脚行路难，坐下疼得慌；又溃烂，又发痒；有什么好看，不把小脚放”等。

1933年10月25日，赵望云应邀赴泰山拜会冯玉祥将军，冯将军见面即以兄弟相称，将配画诗作送给了赵望云。《赵望云农村写生集》再版时，特意将冯玉祥将军配画诗加上，诗画相映成趣。冯玉祥还写了一篇“序言”。再版的画作引起轰动，一时洛阳纸贵，以至印刷五次，印数达数万册。

后来，冯将军还嘱托赵望云，把泰山附近一带人民的贫苦生活也描画下来，冯将军还给每一幅画配上诗，刻在石碑上，竖立在泰山，以警示国人。

1934年春，赵望云第三次应《大公报》之约，去日军占领的塞上写生。他与《大公报》记者杨汝泉一道，从唐山出发，至玉田、遵化，冒险通过日军占领区罗文峪、喜峰口，又经蓟县、古北口、八达岭，顺京绥线到张家口、张北、

冯玉祥

无镇，然后从大同北上内蒙古大草原，历时三个月左右，沿途写生创作。《大公报》从4月19日至7月24日，分十五期连载其写生作品九十九幅。作品描绘了国土沦陷后穷苦百姓的种种生活状态，刻画了矿工生活的悲惨景况，以及农民辛勤劳作却衣不遮体、食不果腹的真实情形。

冯玉祥在报纸上发表文章，谈对这些画的理解：“赵君这次百幅的图画，描写国土沦亡后处在水深火热、横暴淫威之下的父老兄弟姊妹的种种生活状况，道尽屏障尽撤的国防空虚造成的华北各省领土的危机，刻画出帝国资本压榨下的我们矿工的生活惨状……这是中华民族空前的大危机。但这个危机还不能停止在这个程度上：现在人家正在那里经营和设计，实行着集团的统治经济，并且预定在最近完成铁路交通网。这种经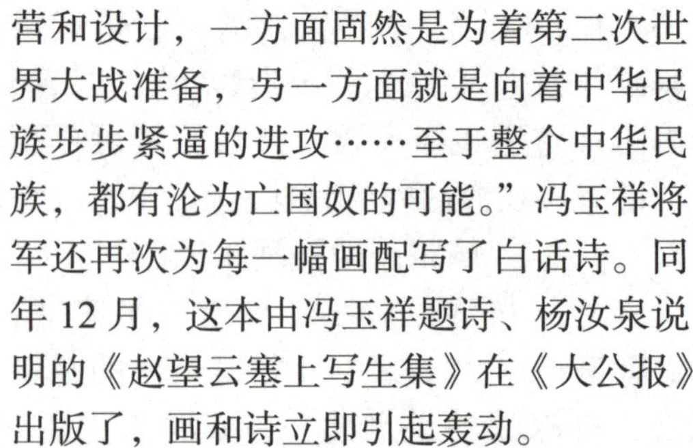营和设计，一方面固然是为着第二次世界大战准备，另一方面就是向着中华民族步步紧逼的进攻……至于整个中华民族，都有沦为亡国奴的可能。”冯玉祥将军还再次为每一幅画配写了白话诗。同年12月，这本由冯玉祥题诗、杨汝泉说明的《赵望云塞上写生集》在《大公报》出版了，画和诗立即引起轰动。

1934年冬，赵望云第四次应《大公报》之约，赴江西黎川写生。次年元旦起，《大公报》设专栏继续连载他的江西写生通信，到2月28日共刊出写生画四十八幅。1935年夏，鲁西、苏北发生大水灾。赵望云第五次应《大公报》之约，与该报记者萧乾一起赴灾区采访难民，记录灾区景象及人民生活，前后历时半年之久。萧乾优美的文字通讯与赵望云的水墨淡彩的图画，相得益彰，使有良知的国人深深为灾区老百姓困苦的生活揪心。《大公报》的读者，被赵望云的画深深打动了，纷纷通过该报向灾区捐款。赵望云对灾区受难民众的同情之心和忘我的工作精神，给萧乾留下深刻的印象。

1936年2月，在民国政府首都南京举办“赵望云旅行印象画展”，引起极大轰动，徐悲鸿、田汉、马彦祥、吴组缃、萧乾等文化界人士都全力协助，民国元老于右任等政要及文化名流纷纷前往参观。展后，《大公报》在当年5月又出版了《赵望云旅行印象画选》。徐悲鸿不仅为该书题签，还写了一篇题为《专写民瘼之赵望云》的艺术评论文章，赞其作品“笔法生动，无八股气”，并分析赵望云能取得如此成就，实则“所谓艺术贵有其时代精神者，并非拾人牙慧，逐臭海上，白日见鬼之劳，乃

贵其能撷所切身之真实境界，而摹写之画者也”。

萧乾也写了一篇赵望云作品的评论，其中有这样的语句：“写国画史的人，可能多从技法方面去研究赵望云。我希望在研究时，不要忘记他的作品后面的一股动力——一颗以反映民间疾苦为己任的心。这才是他这一画派真正的精髓。”

以笔为戈，随冯玉祥宣传抗日

抗日战争全面爆发后，赵望云自视为“画界一士卒”，他说：“文化人为了救国的职责，谁愿意躲在一边苟安偷生呢？抗战建国是大家的事，不管力量大小，当名士卒去服务，总算不屈才吧。”

赵望云随第六战区长官冯玉祥，从事抗日宣传，主编《抗战画刊》。他从抗战开始的1937年直到1941年，先后辗转武汉、长沙、桂林、重庆、成都等地，在各种物资极其短缺的困境中，坚持出版《抗战画刊》达三十期。《抗战画刊》不仅刊登李可染、张乐平、江敉、高龙生、汪子美、张文元、侯子步、黄秋农等人不同风格的作品，还大量刊登赵望云为宣传抗战的“遵命”写生作品。限于抗战时期物力短缺艰难，赵望云的作品，基本上是以线描之情境表现为主的写生黑白画。如《东墙上的捷报》《交通线的修补》《最近河北乡村的动态》等，颇具“写生通信”的性质；还有一些宣传画，如《放下锄头，拿起枪来！》《农村民众起来》等；还有如揭露日军暴行和战地写生、大后方民众生活写生等；他还作有连环画《铁牛抗敌记》。还有自撰文章配图，与老舍合作的《西洋景词画》……

引人瞩目的是，他还第三次与冯玉祥合作，刊出抗战诗配画。在日军空袭不断、抗战最艰难的相持阶段，极大地鼓舞了全民抗日的士气。赵望云曾记述道：“到了去年（1939年）的春季，我随军旅行了几个月之后，才明白我们并没有白白的消耗了光阴。因为我看到的各城镇的壁报画，十之八九是摹于《抗战画刊》的作品，原来每期数千份的销售，是在这方面起了作用呀！我心中极为快慰。”可以看出，赵望云为抗战，以画笔为战斗的武器，创作这些艺术作品，是快慰的；且在抗日战争史上，是值得称颂并记载一笔。张大千评价：在国难当头、救亡图存的时刻，赵望云的画是民众最需要、最欢迎的食粮和炭火。

此外，赵望云还举办抗战画训练班，编印《抗战画选集》，积极参加抗战艺术家活动，担任中华全国美术界抗敌协会常务理事、中苏文化协会理事之职，成为活跃于大后方的抗战美术家。

在抗日战争进入最艰难的1941年，因各种物资极其短缺，《抗战画刊》不得不停刊。冯玉祥将军要为赵望云在政治部第三厅安排工作，但他没有接受。当时，只有三十多岁的赵望云，毅然选择了北上西进，到大西北旅行写生，后成为长安画派的创始人。

（本文选自人民政协网）

号角在前：抗战中的郁达夫

文 / 钟兆云

告国人：日军正磨刀霍霍，中国已濒临危险关头，1937年甚为忧虑！

1936年12月底，一艘发自台湾高雄的邮轮，急急向厦门港航行。邮船上坐着从日本访问回国的郁达夫。这位在五四文学大军中极富个性的一代文豪、著名新文学团体“创造社”的发起人之一，此时担任福建省政府参议兼公报室主任的职衔。

邮船在海上一路颠簸，郁达夫的心海也一直在波澜起伏。一路上，他都显得忧心忡忡。他对此行的感受如鲠在喉，不吐不快，但无孔不入的日本浪人和身旁左右潜伏的黑手，使得他只能郁闷于胸。

郁达夫下榻于厦门中山路天仙旅社，行装甫卸，消息灵通的《星光日报》记者赵家欣便前来叩访。问及此番访日观感，郁达夫终于可以一吐胸中垒块了：

日本给我的印象像一幅刺目的、色彩极浓的图画，表现的是病狂与不调和。自从患了那不可救药的“侵略症”以后，简直是疯了。他们备战很急，日常的一切设施尽都军事化起来。

在日本明湾头，得知下头就是马关，郁达夫油然想到了《马关条约》的恨事，挥笔写下：

却望云仙似蒋山，澄波如梦有明湾。

逢人怕问前程驿，一水东航是马关。

赵家欣细品之下，只觉字字句句都充塞着民族的悲愤与爱国的热情，与梁启超游马关所作“明知此是伤心地，亦到维舟首重回。十七年中多少事，春帆楼下晚涛哀”诗句，堪称异曲同工之双璧。

面对眼前这位同样“位卑未敢忘忧国”的文化人，郁达夫不顾劳累，还滔滔不绝地谈了他对台湾的观感：

台湾青年苦得很，读的不是汉文，而是日文。有三个以上的学生站在路旁谈话时，就有日本警察过来干涉。但是台湾青年经常想念他们还未见面的“妈妈”——中国。台湾被殖民统治快四十年了，但台湾人民不甘屈服，大小暴动多达百余次……

赵家欣对这位蜚声文坛的前辈作家仰慕已久，在记录郁达夫的谈话时，不时发表自己的感慨：“先生说得很深刻，

民国以后的二十余年中，日本对中国的关系，没有一年不施行其侵略虐杀的政策。”

郁达夫莅厦的消息见报后，慕名者纷纷到旅社探访和求索书法。郁达夫在和新朋旧友谈话，以及应邀在厦门所做的演讲中，不忘向国人发出企盼祖国强盛、台湾早日回归的肺腑之言。他还联系台湾现状，激愤地呼吁：

亡国奴是做不得的啊！只有战斗才能制止敌人的侵略！

郁达夫对军国主义泛滥的日本有着切肤之痛，缘于他留日生涯中的所见所闻。1913 年 9 月下旬，他跟随兄嫂踏上了东渡日本的行程，直到 1922 年接到郭沫若等人一再促请他回国主持创造社工作的信件后，才结束了在日本长达九年的留学生涯。“日本呀日本。我去了。我死也不再回到你这里来了！但是我受了故国社会的压迫，不得不自杀的时候，最后浮上我脑海的，怕就是你这岛国呢！”这就是作为弱国子民的郁达夫在离日之际的复杂感受。

对日本殖民统治下的台湾，郁达夫也是了解的，在他的锦绣文字中不时流露出悲悯和怨愤之情。早在 1930 年写就的短篇小说《十三夜》中，他就刻画了一个祖籍福建的台湾青年画家陈君的肖像。陈君怀着苦闷的心情从台湾到东京、从东京到中国大陆寻梦，但他的梦想注定是无影无踪的，在整个希望都破灭后，不久即在明媚的西湖边上病故。“我”（指该书作者郁达夫）和他生前的友人筹款为他在西湖营葬，“因为他是被日本帝国主义压迫致死的牺牲者，丧葬行列弄得盛大一点，到西湖的日本领事馆门前去走一走，也可以算作我们的示威运动”。

郁达夫对日本、对台湾的复杂情怀，就寄寓在这些文字里。

1936 年 2 月初，郁达夫接受福建省政府主席陈仪的邀请来闽工作后，公私宴游酬酢频繁，却仍以国难为念。3 月 1 日，他在参加福州文化界、新闻界的宴请时，即席作就五言绝句《赠福州报界同人》：

大醉三千日，微吟又十年。
只愁亡国后，营墓更无田。

为福州出版的《谈风》第二期写《赠福州报界》一诗：

一将功成万马喑，是谁纵敌将南侵？
诸君珍重春秋笔，记取遗民井底心。

郁达夫激励大家在大敌当前，务须保持高尚的民族气节。在为上海《论语》半月刊所作《战争与和平》一文中，他历数日本帝国主义自 1915 年出台“二十一条”后，“总没有一年不再施行其侵略虐杀的政策”，提出主和是没有出路的，只有战斗才能制止敌人的侵略。这些洋溢着爱国主义精神的诗文，增添了福建的抗战气氛。

这年 10 月，革命文豪鲁迅逝世，作为挚友的郁达夫赶赴上海，途中写了“鲁迅虽死，精神与我中华民族永在”的题词。为鲁迅扶柩送葬后，郁达夫肩负赴日本劝说郭沫若回国共赴国难的使命，（蒋介石通过陈仪相请）东渡日本。他归国途中专门访问了台湾。

郁达夫在厦门之时，正处于 1936 年和 1937 年的岁尾年头。日本、中国台湾之行的所见所闻更增添了他的忧国之情，坚定了他抗日救国的决心。熟知军事地理和政治历史的郁达夫，凭着所掌握的第一手资料和正义的洞察力，在厦门写就《可忧虑的一九三七年》一文，扼要地分析了形势，告诉国人日军正在磨刀霍霍，中国已濒临危险关头，并为此大声疾呼：

民族的中兴，国家的再造，就要看我们这一年内的努力如何！

亲爱的众同胞，现在绝不是酣歌宴舞的时候！

在此前此后的许多文章中，郁达夫还如是抒发爱国衷肠：

祖国啊祖国……你快富起来，强起来吧！

在日本，我早就觉悟到了今后中国的命运，与夫四万万五千万同胞不得不受的炼狱的历程。

这是一个爱国作家，也是身为国民政府一省参议对国事的“参议”。

1937 年的卢沟桥事变，证明了郁达夫预见的准确性。

吹响抗战号角，创办“文救会”

郁达夫从日本回国后，积极投身抗日救亡运动。他一心要把福建省政府公报室（曾改称编译室）的工作搞好，以适应抗日形势的需要。

他在福州参加各种座谈会和演讲，并在报刊上发表文章，热情地为团结抗日而呼唤。这些，对福建文化界后来开展大规模的抗日救亡活动，在舆论上起了“号吹在前”的作用。

卢沟桥事变特别是金门沦陷之后，在中国共产党领导和抗日民族统一战线政策的感召下，福建各地的抗日救亡运动蓬勃高涨。

革命文化是推动抗日救亡运动的舆论工具和强劲号角，是中国共产党的一条重要战线。郁达夫利用担任福建省政府参议的身份，在这条战线上展现了自己的决心和斗志，发挥着特殊的作用。

一代文豪郭沫若当年因谴责蒋介石的独裁而遭通缉，避难东京。郁达夫在 1936 年岁末访日时，再三催促郭沫若及早回国，共同为抗战出力。卢沟桥事变爆发后，郭沫若冒险回国。郁达夫接到郭沫若的电报后，7 月中旬专门从福州赶到上海码头相迎。两位文坛巨匠为抗战事业而奔走，郭沫若暂留沪上，郁达夫又回到福建。归途中，恰逢八一三战事发生，郁达夫目睹了日本发动侵略给中国人民带来的深重灾难，更加激起了心头仇恨。

“于山岭上戚公祠，浩气仍然溢两仪。但使南疆猛将在，不教倭寇渡江涯。”“闽中风雅赖扶持，气节应为弱者师。万一国亡家破后，对花洒泪岂成诗？”诗言志，郁达夫在福建写就的这些诗句，连同他填写、镌刻在福州于山戚公祠石壁上的《满江红》一词，都让人感受到他那“永保金瓯无缺”的爱国热忱，奋起荡除入侵之敌的浩然正气。

1937 年 10 月 17 日，在中共福建地方组织的影响下，郁达夫领导组织了福州文化界救亡协会成立大会，并提前纪念鲁迅逝世一周年。

“文化界要号吹在前，我们的广大群众，尤其是劳农大众，都在那里等我们去启发，去组织。”郁达夫长袍马褂，慷慨激昂，“福建地处海滨，就自然位置而言，所居地位就在国防第一线上。唯其如此，所以感受帝国主义的压迫比别省强，而世界的潮流侵染，所得的反响，也当然比别省来得更切实，更紧张。福州的文坛要振兴，很大的原因是要把握政治动向，驱除惰性，勇猛前进！”

在与会者热烈的掌声中，郁达夫报告了开会的双重意义，声情并茂地呼吁：

"我们纪念鲁迅先生的最好办法，莫过于赓续先生的遗志，拼命地去和帝国主义侵略者及黑暗势力奋斗！"

会上，郁达夫以最多票当选为"文救会"理事长。进步作家董秋芳，"左翼"作家杨骚，以及中共党员卢茅居、陈兴英等人均有职务。此时，共产党组织在福州虽然不能公开活动，但"文救会"领导核心进步力量较强，党员可以通过统一战线来做工作，发挥作用。

提倡"为抗战而文艺，为国防而文艺"，邀请共产党员楼适夷来榕

"文救会"成立后，立即展开紧张的工作。组织上，对会员进行登记，并举办"深入民间之干部训练班"；宣传上，开展系统讲演和通俗讲演，系统讲演每周一次，主题为"抗战的回顾与展望"。同时通过广播电台和编辑会刊小册子等进行宣传。郁达夫还发起了"十万封信慰劳抗敌将士运动"，他和董秋芳带头写稿、写信。

11月15日，"文救会"创办《救亡文艺》，由郁达夫、杨骚任主编。发刊词开宗明义："目前的文艺，应该是为救亡而文艺，为抗战而文艺，为国防而文艺。"

得悉左翼作家、共产党员楼适夷刚从国民党浙江监狱释放出来，郁达夫喜出望外，特地去信相邀来榕，担任"文救会"编委和《救亡文艺》编辑。

《福建民报》编务黑尼好心地提醒郁达夫："先生先后邀请了董秋芳、杨骚来编译室工作，许钦文也是先生邀请来福州任教的。他们都是进步作家，据说当局对此已有微词。楼适夷明明白白是共产党的人啊，先生切切谨慎为好。"

黑尼劝说之余，还讲起了国民党当年不同意暨南大学聘请鲁迅担任文学院教授，以及丁玲被捕出狱后被限定住南京且不能写作等迫害进步作家的事。

郁达夫愤愤地说："一个作家，文章不能写，书不能教，还有什么自由？有之，恐怕只是吟风咏月，他们要叫作家都变成哑巴，妇女都回到厨房，把中国变成希特勒的德国！"郁达夫不避嫌疑，坚持请共产党员楼适夷来榕共事。

楼适夷由浙入闽，大大增强了《救亡文艺》的战斗力量。以其坚定的立场、活泼的形式，富有战斗力的风格，成为抗战初期福建文艺报刊中最有影响的刊物。

楼适夷得知日军在福建沦陷区滥杀居民、奸淫掳掠无恶不作，沦陷区人民身陷水深火热，抑不住满腔悲愤，作《金门》一诗，声讨侵略者的罪恶：

福建省脱去一扇金门，
在那里展开阵阵血腥。
你凭着遥遥的南方倾听：
那不是被蹂躏的妇女的惨号？
那不是万万千千婴儿的哭声？
我们的仇敌已灭绝了人性……

全面抗战打响后，全国人民抗日救亡情绪日益高涨，而一些达官贵人和鲜廉寡耻之徒在民族存亡危如累卵之际，却仍然迎春歌舞、寻花问柳，过着灯红酒绿、醉生梦死的生活。楼适夷在福州就见到了此番情景，他怒不可遏，挥笔写就《福州有福》一文：

金门是刚刚在这几天失陷，但福州市麈不惊，南大街熙熙攘攘拥拥挤挤着行人，三角皮带的军官，佩证章的公务人员，带着窈窕的摩登女子，在路边静步，散出一阵阵香水味……

字里行间，表现了作者对这些失去灵魂的行尸走肉的极端蔑视和强烈谴责。

在当时的情况下，楼适夷这些文字是不太好发表的，但郁达夫却给予了最坚定的支持。

郁达夫和“文救会”的战友们白天上班，晚上常常开会到深夜。没有活动经费，大家就捐款。郁达夫还经常主持宣传演讲会，三次前往福州电台做播音演讲。其中一次，他用日语播出《告日本国民》，呼吁日本人民和中国人民一起制止日本军阀的侵略暴行。

对国民党当局甚为失望，愤而辞去“文救会”理事长一职

在“文救会”的积极宣传下，福州抗日救亡运动有声有色。国民党当局对此却极为恐慌，加强特务统治，压制抗敌力量。国民党福建省党部和保安处公开造谣攻击“文救会”负责人“口头救亡，心存阴谋”等。对这些不实之词，郁达夫和战友们在《救亡文艺》上以显著位置发表《我们的态度》，予以回击。

福建“蓝衣社”（军统）特务头子张超亲自出马，到光禄坊十一号郁达夫住处向他发出警告：“你们那个文救会有共产党。郁先生是省府官员，还是辞去文救会的职务为好，以免被异党利用。”

郁达夫大义凛然地加以驳斥：“你们对同是站在抗日战线上的文化人，为什么有这般那样的恶意吗？”

文的不行，就动用武的。一天，四名特务突然持枪闯到《救亡文艺》编辑部。

“哪个是楼适夷？”特务凶巴巴地问。

“楼先生去省政府公报室找郁主任了。”

那天楼适夷刚好不在，《救亡文艺》的其他编辑知道这些特务不敢公开到省政府公报室胡闹，为了尽快支走他们，故意这般推说。

特务们大闹一通后，留下话来：“你们这个《救亡文艺》非停办不可，文救会有异党分子活动，也得解散！”

没有抓到楼适夷，特务们却下毒手秘密逮捕并杀害了协和大学进步女教授李冠芳，一些进步同学也突然失踪。

郁达夫知道楼适夷是不能再在《救亡文艺》待了。他自以为有省政府主席陈仪支持，还想挽留楼适夷到省政府公报室工作。

谁料陈仪对郁达夫的请求颇为不悦：“先有董秋芳，后又来了个杨骚，现又要请一个共产党来，你想把公报室搞成什么样子？”

郁达夫对楼适夷喟然长叹：“陈先生在蒋的下面，搞得出什么名堂来？”

楼适夷劝慰一番后相告：“郁兄，我已决定去武汉，你不必再作他想了。请多保重！”

楼适夷离榕远去，让郁达夫十分失落，于12月3日愤然登报公开辞去“文救会”理事长之职，以示抗议。接着，董秋芳、杨骚、许钦文等五位常务理事也相继登报辞职。

大有作为的《救亡文艺》连同“文救会”就这样被当局压制解散了！

“文救会”虽然停止了活动，但郁达夫及其他主要成员，仍不改初衷，以个人身份，利用各种方式继续进行抗日救亡活动。1938年1月20日，郁达夫在致郭沫若的信中说：“因经他人之误解，我已辞去理事，但救亡工作，仍在普遍地进行……日夜工作极忙。”

为民族解放殉难

1938年9月，郁达夫接到陈仪的电报，要他重回福建共商抗日大计。他束身装就道，在回闽途中于《毁家

诗纪·十三》写道："自愿驰驱随李广，何劳叮嘱戒罗敷。男儿只合沙场死，岂为凌烟阁上图？"但使他失望的是，福建当局消极抗战、苟且偷安的现象并未改变。12月中旬，郁达夫接受福建籍著名侨领胡文虎所办《星洲日报》报社的邀请，憾然离开这个他曾经倾注热情的地方，前往新加坡主持该报文艺副刊。

对生活工作了近三年的福建，郁达夫颇具情意，曾写就许多有关闽人闽事的佳作。他爱福州的三坊七巷民居，也爱福州的小吃，在散文《饮食男女在福州》中，曾细数福州的小吃、福州人的性格。对福州瑰宝寿山石，郁达夫无比钟爱，在福州的办公室和居家的案头上，摆满了五颜六色、大大小小的寿山石。离榕远赴南洋之际，郁达夫仍抽空到省政府门前总督衙门后街上的图章铺里选购了三十余枚寿山石。抵达新加坡后，郁达夫不改对寿山石的痴心情结，并由此在报上写文章介绍新结识的"南洋印人"张斯仁："抗战军兴，本于艺人有一技之长者，都应有报国之义，张先生在荷属各地曾刻印三千，全数助赈。现在，我到了新加坡，他也正在刻印助赈。"通过介绍爱国印人张斯仁，郁达夫把印章篆刻这本属个人的艺事，上升到了爱国御敌的神圣地位。

郁达夫从福建来南洋，曾自道此行目的："在海外先筑起一个文化中继站来，好作将来建国急进时的一个后备队。"在新加坡，郁达夫以《星洲日报》为阵地，以笔为枪，写作并编发了大量抗日文艺作品，鼓舞、动员南洋全体华侨积极支持祖国的抗日救亡大业。《星洲日报》被誉为"特别响亮的宣传抗日的号角"。

诚如夏衍所说："达夫是一个伟大的爱国者，爱国是他毕生的精神支柱。"太平洋战争爆发后，郁达夫慨然就任新加坡文化界战时工作团主席，兼战时工作干部训练班主任，悉心培养抗日干部。新加坡沦陷前夕，他和胡愈之等流亡印尼苏门答腊，化名赵廉，从事地下抗日工作，不幸事泄，于1945年8月29日被日本宪兵残酷杀害，终年四十九岁。郁达夫遇难的消息传出，挚友郭沫若悲痛万分，于次年3月撰文纪念，称："英国的加莱尔说过'英国宁肯失掉印度，不愿失掉莎士比亚'；我们今天失掉了郁达夫，我们应该要日本的全部法西斯头子偿命！"

1952年，中央人民政府追认郁达夫"为民族解放殉难的烈士"，并在他的家乡建亭纪念。中华人民共和国成立后曾任新闻出版署署长等职的胡愈之曾如是评价郁达夫：在中国文学史上，将永远铭刻着郁达夫的名字；在中国人民反法西斯战争的纪念碑上，也将永远铭刻着郁达夫烈士的名字。

（本文选自《福建党史月刊》，有删节）

智渡青弋江

文 / 潘友宏

1941年1月初，抗日战争处于艰难的相持阶段。蒋介石推行“攘外必先安内”的反动方针，视中国共产党领导的抗日人民武装为心腹之患，欲置于死地而后快。当新四军九千将士从坚持抗战的大局出发，由驻地皖南挥师北移的时候，蒋介石密令顾祝同调集七个师的重兵包围截击，发动了震惊中外的皖南事变。

1941年1月7日拂晓，新四军北移部队至泾县茂林以东山区时，遭到国民党军层层堵截和进攻。新四军奋起自卫，浴血苦战。至1月13日，敌人以猛烈的炮火集中轰击我军东流山阵地。敌人组织了整营、整团的兵力轮番向上冲锋。我军守卫部队拼命死守。这时，新二支队首长召集营以上干部传达了军部的突围决定，分成两路向西北方向突围，预定从铜陵、繁昌之间渡江到无为地区会合。

突围开始后，我是与新二支队政治部主任钟得胜、作战科长王培臣，新三团团长熊梦辉、参谋长张日清、政治处主任阙中一等同志一起从右路冲锋的。阙中一同志组织了十几个号手，一起吹号，一时号声震天，枪声齐鸣，“冲啊！杀啊”的喊声惊天动地。前面的同志倒下了，后面的同志接着向前冲，如猛虎下山，势不可当，打得敌人手忙脚乱，顾此失彼。就在这枪林弹雨、血肉横飞的战斗中，我们突破了敌人的严密封锁，冲出了一条突围的血路。

14日破晓，右路突围部队冲到章渡对面的舒溪。这里是青弋江的下游，江面大约二百米宽，水流湍急，对面有敌新七师重兵防守。我们在熊梦辉、钟得胜、阙中一等同志的率领下涉水强渡。当我们冲到江心时，敌人的轻、重机枪子弹像撒豆似的打得水花飞溅，严密地封锁了江面。在我前面和后面的两个同志都中弹倒下了。

这时，作战科长王培臣同志站在江中，愤怒地端起一挺轻机枪向着敌人嘟嘟嘟地猛烈射击起来，为了掩护大家，他完全忘记了自己的危险。突然，他的身体摇晃了一下，机枪掉下来，一颗子弹打伤了他的右手。旁边的同志连忙扑过去把他拉了回来。由于敌人防守火力很强，我们只好赶快往回撤。刚回到青弋江南岸，又遭到了来自东南和西南方向的敌人的追击，我们这一批突围部队被打散了。天黑以后，我和十几个同志沿着青弋江向西，一边走一边收容失散的同志。

走了一段路，我们转移到焦石埠附近的一个村子里。我们曾经在这个地方活动过。村里一个喂牛的老大爷发现了我们，他十分感慨地说：“你们新四军是好人，我们老百姓心里都有数。这次你们真吃苦了，快进屋歇一歇吧！”在这位老人的帮助下。我们隐蔽在一座半截楼的牛屋草堆里过了一夜。次日，为了防止敌人搜捕，我们上山潜伏，等待机会重渡青弋江。不巧，又遇上敌人放火烧山，冲天的大火借着西北风的威力，活像火龙一样在山坡上滚动着。我们找到火势较小的一条山沟，拼命冲了出来。当晚又回到了焦石埠附近。

16 日清晨，青弋江上腾起一片白蒙蒙的浓雾，隔着江看不清对面。我们准备从焦石埠再次渡青弋江。为了弄清情况，熊梦辉同志对两个侦察员说：“你们出去看一看，了解一下敌人的活动；再了解一下这里党组织的情况，回头好想办法渡青弋江。”

两个侦察员出去半天，买回来一大包食品。他们报告说：“沿江一带，敌人戒备森严，这几天岗哨密布，每隔几十步就有一个哨兵；渡口修筑了碉堡，有敌人一个班防守。这里的党组织还没有遭到破坏，保长就是我们的党员。”

熊梦辉听完侦察员报告后，同钟得胜、阙中一与我商量渡青弋江的办法。他说：“照侦察员报告的情况看，强渡不可能，唯一的出路就是智渡。你们有什么想法，快一起研究一下吧。”

阙中一说：“要抓紧时间赶快渡过去，时间拖长了会给我们增加困难和危险。”

我说：“渡青弋江是我们突围的生死关口，我们不能让敌人拦住出路，一定要下决心渡过去！”

熊梦辉一边听我们讲话，一边瞪着眼睛在我身上打量。忽然，他眼睛一亮，好像发现了什么宝藏，高兴地一拍大腿说：“嗨！有办法了，有办法了！”

我连忙问：“有啥办法？”

“你是我们新二支队供给处主任，身上有那么多钞票，钱不是可以发挥枪弹不能发挥的作用吗？”

他这一说，我恍然大悟，连忙问：“我有的是钱，你有什么用处就快说吧！”

“快叫侦察员去把这里的保长找来，他是党员，请他来助我们一臂之力吧，”说着，熊团长凑近我面前，压低声音继续说，“我看这样办，你多掏出一些钱来，让保长想办法收买守渡口的哨兵。另外，再拿出一点钱，给我们每人买一套便衣，化装成敌人的筹粮队。这样，我们不用费大劲，就可以从渡口摆渡过去了。”

熊梦辉这样一说，大家都赞成这个办法巧妙。钟得胜同志高兴地和我开玩笑说：“碰上你这个‘财神爷’，敌人也要让路了。你带这些钞票虽然很危险，可真没有白背，关键时候起了大作用！”

这个办法果然获得了成功！保长买了一些好酒、好肉请哨兵们大吃大喝。保长热情劝酒，把他们一个个灌得迷迷糊糊的。这时，我们换上了便衣，把手枪藏在腰带里面，扛着扁担，背着麻袋来到渡口。敌人醉眼惺忪地拦住问：“干什么的？”保长连忙走过来递上烟，说：“哈哈！我只顾了喝酒，差一点忘了公事。这是我的筹粮队，快点让他们过去运粮吧。”敌人信以为真，我们就夹杂在群众之中，大摇大摆地渡过了青弋江。

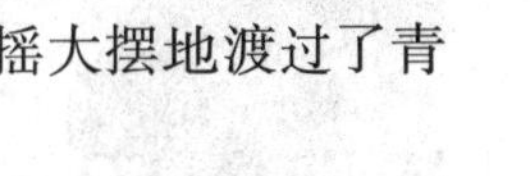

（本文选自《云岭烽火》第五期）

血与火的地道战

口述 / 周新宅　整理 / 王文化

提起地道战，许多人会想起《地道战》这部电影。对于周新宅来说，地道战却是血与火的记忆。抗战时期，他曾在地道里与日军斗争，目睹了侵略者烧杀抢掠的罪行，亲历了党领导下民众的顽强抗争，感受过击退强敌的痛快，也承受了失去战友的痛苦。

没地道时躲在屋里偷着打

周新宅是河北正定高平村人。高平村离县城十六公里，抗日战争中是有名的抗日模范村，在党的领导下建立了民兵组织，配合八路军打伏击、炸公路，组织了大小战斗五十多次。当时，村民们挖地道长达三十多公里，户户相通、街街相连，形成能打能防的地道工事。日军曾多次围攻高平，都被民兵以地道为依托击退。

周新宅十七岁就当了民兵。高平村的革命资料记载，抗日战争时，这个村有五十多个民兵，编成一个中队。他说："刚开始民兵和党员都是不公开的。村子离日本人占领的县城不远，抗日村民都是三五个人一组，组与组之间互不联系。后来，咱们力量大了，就公开和敌人干了。"

"区里组织各村的民兵统一行动，割电线、破坏公路和铁路，我跟着去新安镇破坏过公路，还到新乐县（今新乐市）破坏过铁路。日本鬼子报复，到村里'扫荡'，刚开始没地道，民兵躲在屋里偷着打，被围住就没办法了，牺牲过好几位同志。"

冀中八路军开展地道战打击日军

利用地道打击敌人

从 1942 年起，高平村和冀中平原许多村庄一样，开始挖地道来对付日军。据周新宅回忆，那时挖地道是秘密地挖，在夜里挖，村边还得有人放哨，发现有敌人就发信号，赶紧把土运走，把地面铺好，怕被敌人发现。

挖地道时，日军常来“扫荡”，村民们便边打边挖，断断续续挖了一年多，最后全村都挖通了。当时村里共有三条干道，干道上有许多支线，每十户有个地道口，每个口都有位民兵负责，地道口上有地堡和工事，地道口内有防毒设备和障碍物，每隔十丈有通气孔。通气孔和地道口都很隐蔽，大都设在碾盘下、炕洞里、井内等，屋里墙上有枪眼、瞭望孔，村里街口有村垒，村边还有围墙，全村形成了完整的战斗工事。

让周新宅印象最深的一次战斗发生在1945年5月4日，当时敌人纠集了周围几个县城的日伪军一千多人，在凌晨悄悄接近高平村。敌人接近村东北口后，站岗的民兵发现了敌人，向他们投了手榴弹。全村的民兵都起来了，村里的老少也钻进了地道。

他回忆，正巧这天区里准备发往各村的二十五箱一千二百多枚手榴弹还存放在高平村，经在村里的区干部同意，全部发到了各个民兵小组。周新宅当时在第一小组，负责村东南口。他们先是借周合成院子的土墙、土堆作掩体阻击敌人，用手榴弹、步枪打死、打伤好几个敌人，敌人被迫退到村外重新组织进攻。

民兵王建章在房顶的高房工事上投弹，手榴弹在敌群中爆炸，炸伤了伪军中队长肖秋来等。敌人失去了指挥，乱成一团，停止了进攻。

负责东北口的是民兵中队长刘傻子。刘傻子虽然名字叫“傻子”，却是个精干

抗日军民利用地道与日军作战

的年轻人，他带领民兵利用地道工事，击退敌人四五次进攻，打死打伤敌人十多个。

在北口的敌人冲进了村，民兵刘双恩在激战中负伤，为了不被敌人抓住，跳到井里。敌人放井绳拉他，他就势抓着井绳，等升到中间时跃进了井壁上的地道口。其他民兵在地道口用手榴弹袭击敌人，使敌人锐气大挫。

战斗一直持续到中午，进村的敌人处处挨打。周围几个村的民兵也在县里的组织下，在野外配合作战，敌人腹背受敌，只得退出村子。据正定县党史资料记载，这场战斗共打死打伤日伪军五十九人，高平村民兵中队长刘傻子、副中队长王六合等几位民兵在战斗中牺牲。

（本文选自人民网，有删节）

永生难忘的战斗

口述/沈朝周　整理/朱晓明　尤建军

沈朝周，1929年11月生，江苏启东人。1946年8月参加中国人民解放军，解放上海战役时任二十九军八十七师二六〇团一营机炮连一排一班班长。

1949年5月12日晚10时，我所在的二六〇团担任主攻月浦的任务。我当时在二营机炮连一排一班任班长。

当时我班的任务是配合五连向敌人阵地前进。5月12日夜24时左右，我们进入阵地，立即开始挖交通壕、筑火力点的工作。可是交通壕还未挖好，火力点还未筑成，天就亮了。这时，敌人来自正面的炮火、江面的兵舰和上空飞机上的空袭很猛烈。五连误把“地堡”视为“坟包”，等到发现时部队已经误入了敌人的碉堡群，因此急忙转移阵地。但在撤离时，未及时通知我们，就这样我们班与五连失去了联系。

我们在这里坚持战斗，排长杨伯生负伤下去了，副班长朱锦峰也负伤下去了。我们这个班只有两门六〇炮，没有其他武器。在当时情况下也不能再挖工事了，如果挖工事的话就容易被敌人发现，我们只能一动不动地隐蔽在麦地里，子弹时时从我们的身边穿过。天又下起雨来，而且越下越大，我们的战士全身早就湿透了。我们已经一夜一天没有开火煮东西了，肚子饿了就从身上带的米袋子里抓把生米，用水壶里的水和着生米一起吞下去。不知道过了多久，感觉越来越冷，浑身发抖，耳朵嗡嗡作响，

牙齿也开始打架。天渐渐暗下来，我们就去找部队。

我终于带着全班回到了连部。连长已经牺牲了，副连长张武清说："快把湿衣服脱下来烤烤火，好好休息，准备再战！"炊事员送来热乎乎的饭菜。饱餐后，我们脱下湿衣服正要烤火，敌人发现火光，枪炮便打过来了。我们连忙灭了火，就地休息。

不大一会儿，通信员来了，对我说："一班长，副连长命令你班立即进入阵地。"我赶紧叫大家又把湿衣服穿上。虽然是5月份，但湿衣服再穿在身上冷得钻心，可想而知那会是什么样的滋味。可是大家没说二话，穿上衣服，扛起六〇炮和炮弹箱，跟着通信员快步向阵地跑去。

我们通过长长的一段壕沟时，看见壕沟里还躺着几个牺牲了的同志。到了前沿阵地，目标是月浦北街的楼房。楼房的四周都是钢筋水泥的碉堡——子母堡。我们站在壕沟里，踮起脚尖能看到前面的楼房，看得很清楚，也就是一百多米吧。二营营长负伤了，教导员黄文清在壕沟里跑来跑去，指挥战斗，嘴里还在不停地喊："同志们，准备好手榴弹，敌人如果反扑过来，就坚决把他们消灭掉！"这时团参谋长李仲英走到我身旁停下来了，我就把我的防空洞让给了他，我自己重新再挖一个。刚挖好，团部通信班副班长施忠为参谋长架电话来了。这时敌人阵地的炮火不停地向我们的壕沟猛轰，我赶紧把施忠拉进我的防空洞。真险，敌人的一枚手榴弹正好落在刚才施忠的位置，爆炸了。幸亏我们隐蔽得好，未有伤亡。施忠对此特别感激，说是我救了他一命，他永远不会忘记的。

二营伤亡很大，我们的六〇炮也加入了二营的火力网，和其他轻重机枪等火力，掩护突击队向楼房冲锋。可是敌人的钢筋水泥工事太坚固了，火力也很强，严密封锁着，压住了我们的火力，阵地前又是一米左右的障碍物。突击队一次次冲锋，突击队员一个个倒下，有的当即牺牲了，有的负了伤，阵地上的人组织抢救时，又有人负伤或牺牲。就这样，一次又一次突击，一次又一次伤亡，敌人利用坚固的工事依然在负隅顽抗。

我们部队的枪支弹药被雨水和泥浆浸泡后，难以使用，战士们就用集束手榴弹与敌人战斗。三营副教导员张勇，率领部队在最前沿阻击敌人坦克，亲自用集束手榴弹炸毁敌人一辆坦克，自己也光荣牺牲。

尽管伤亡很大，敌人阵地还是攻不下来，团首长就把指挥部附近的一百二十余名指战员集中起来，组成几支精干的突击队。团政委萧卡、副团长梅永熙、参谋长李仲英亲自率领部队，向敌人发起攻击。在全团各种火炮的掩护下，在兄弟团的助攻配合下，终于突进了月浦老街。

拿下月浦后，全团剩余的人在萧卡政委、梅永熙副团长的率领下，继续向吴淞口挺进，与兄弟部队一起追歼逃敌。我团两千八百人的编制，伤亡了一千二百人，十二位营级干部伤亡了十一位。战后，军长胡炳云说："你们团打得好，打得顽强，你们是好样的！"

（本文选自中华魂网）

金牛山上“梅花桩”

文/王　舜　辛　蕾　曾安祥

1941年1月皖南事变后，日军对华中各根据地进行疯狂的“扫荡”，更艰苦、更残酷、更频繁、更激烈的斗争摆在江北新四军指战员的面前。罗炳辉所领导的新四军第二师处境尤甚。

罗炳辉

为粉碎日军的“扫荡”，经过多次战斗实践，罗炳辉总结出了以伏击和运动游击为主的“梅花桩”战术。其特点：一是部队的宿营按三角形的驻地部署。如遭敌人袭击，避免一窝一堆，使敌人优势的火力难以发挥作用，可以减少我军的伤亡，而且任何一部分都能机动，或对敌人实施反包围；二是便于部队疏散隐蔽。人数少好分散，敌人不易发现，反而容易偷袭敌人；三是对来犯的敌人可实施多点打击。当敌人进至梅花桩式的阵地时，我军可以从侧面，或两面、三面甚至四面同时对敌火力打击，甚至可以用大刀、手榴弹、刺刀消灭敌人。

1941年4月，罗炳辉筹划指挥了“天仪扬地区反点线作战”。在4月17日的金牛山战斗中，罗炳辉初试了他创造的“梅花桩”战术，打得日军首尾不能相顾，晕头转向。

金牛山坐落在六合县（今六合区）

境东北部，距县城四十多里，四面为山河环绕，南侧同北峨眉山遥遥相对，两山之间系丘陵及洼地，村庄密集，便于隐蔽部署兵力，是一个良好的歼敌战场。4月中旬，罗炳辉率领新四军第二师主力进抵金牛山一线。为了有效地歼灭日军，同时防止日军报复，罗炳辉将部队按梅花桩式布置分驻。十五团在大井赵一带，警戒六合及金家集出来的敌军，并以班为单位进行梅花桩式分段活动，如日军来犯则加以阻击，并迅速报告。旅直属队驻泉水寺一带。十二团团部位于金牛山南面的大陈庄、钱洼一带，所属三个营，第一营驻车篷庄、和尚庄一带，向移居集、谢家集方向警戒，并控制樊家集通向大陈庄的道路；第二营主力位于乌山西南一带，向八百桥方向警戒；第三营驻厉马庄等地，向樊家集方向警戒。

罗炳辉在征途中

4月16日，驻扬州日伪军七百余人携重武器乘车至谢家集，旋又至樊家集集中出发，通过安乐桥，兵分两路：一路直扑新四军第二师十二团团部驻地大陈庄，一路进逼三营驻地厉马庄。由于罗炳辉在战前早已将部队按梅花桩式分驻，日伪军无法对新四军形成包围圈，只好以爬行的方式沿田埂秘密接近。当日伪军靠近新四军部队时，罗炳辉立即命令向日伪军开火。罗炳辉主持撰写的《战斗详报》中记述："敌人沿田埂秘密接近我军，当为我军事哨发觉开枪即打，敌人向我猛冲，我即与敌展开血战。因我军部署是梅花桩式，敌人不能包围我，反而被我包围。"

罗炳辉亲自指挥并成功运用"梅花桩"战术的金牛山战斗是我军以劣势装备击败日伪军优势装备的范例。这一仗共毙伤日军二百余人、伪军三百余人，俘日军两人、伪军三十余人，给日伪军以沉重打击。金牛山战斗打出了新四军的威风，同时也通过实践证明了罗炳辉创造的"梅花桩"战术是迷惑、扰乱、迟滞和伏击日伪军的有效战术。

（本文节选自中国军网）

途 中

文 / 刘仁松

我们红四方面军第四军，长征来到了甘肃的渭源。这天晚上，部队刚刚驻扎，上级就传达情况说，胡宗南的部队追上来了，鲁大昌、毛炳文的两个师也从兰州赶来，企图围歼我军于渭源，阻止我军北上与红一方面军会师。

为了迅速摆脱敌人，实施北上会师的计划，部队立刻集合出发。出发前，叶政委对部队讲话：“同志们，敌人梦想阻止我们北上会师的行动，这办不到。我们今天要拿出爬雪山过草地的劲头，冲破敌人的包围，去和红一方面军老大哥会师……”

同志们听说就要和红一方面军会师了，个个精神百倍，顶着月光迅速地前进。

经过一天一夜二百三十里的急行军，终于甩脱了敌人。可是，一天一夜没吃东西，大家的肚里都“叽叽咕咕”地叫起来了。这儿尽是重重叠叠的黄土山坡，稀稀落落地生长着杂草和苦蒿，村庄一个也看不见。幸好落了一阵骤雨，我们一边走，一边接了些雨水，和着炒燕麦吃了一顿“饭”。

第二天、第三天又是滴水没见，渴得实在走不动了。行军的速度，渐渐地缓慢下来。

“同志们，快走啊！”不知是谁在队列里喊道，“就要和兄弟部队会师了，他们已经给我们准备了许多好东西！”

虽然谁都知道，会师还要走好几天，可是一提起和兄弟部队会师，一股无形的力量，又促使着每个人加快了脚步。

红军胜利会师雕塑

又走了几里路，前面出现了一个小镇，同志们霎时活跃起来。哪知这里驻着敌人一个营，砰砰叭叭打了一阵，才走过去。当然，找水解渴的希望又落空了。大家只好舔舐着干裂的嘴唇，继续前进。

爬上一道斜坡，前面发现了一间茅屋，部队老远就停下了。连长让我带两个通信员跑去看看，是不是住家的，有没有水。我们听了，直奔小茅屋跑去。

小茅草屋里，住着个老婆婆。看见我们跑来，她吓得直发抖。我们立刻对她解释说，我们是北上抗日的红军，已经四天四夜没见水了，想找点水喝，叫她不要怕。

老婆婆把我们从上到下打量了一番，显然了解红军是什么人，说："唉！好人哪，你们可真够苦的。我们这周围二十里，不下雨是没水的。我这桶里还有一点水，你们抬去吧！"说着把半桶水提给我们。

本来渴得嗓门都快冒烟了，但此刻望着那桶里的水，却都发愣了。和我一起去的一个小通信员向老人说："老奶奶，这水给了我们，那你……"

"不要紧，你们抬去吧，"老人说，"这旁边有一个小泉眼，每天能接半桶水，够我们一家三口人对付着用的。"

老人又找出一小罐蜂蜜，递给我，说："这个也拿去吧，和在水里喝。"

我们怀着感激的心情，收下了她的礼物，掏了两块银洋送给她。经再三劝说，她才收下。

我们把那小罐蜂蜜和着半桶水摆在全营同志面前。教导员李定学同志先舀了半小碗送给伤员，然后自己舀了一点，端起来像劝酒似的说："同志们，让我们每人都喝上两口润润嗓子。现在，最困难的路程已经走过来了。用不了几天，就要和中央红军会师了！"听了教导员的话，队伍顿时活跃起来。

全营同志喝完了那半桶水，拉开行列，迈开步伐，又前进了。又经过五天五夜的行军，我们终于和中央红军会师了。那时，我们的心情和那天喝蜜水一样甜蜜！

（本文选自甘肃党史网，有删节）

大岭群众救了她

文/陈　亮

1940年底，广游二支队派梁铁同志到大岭乡以教师的身份为掩护开展抗战工作。她在那里过了两个春天，两次遇险，幸得当地群众，特别是妇女们对她的援助，才化险为夷。

筑“人墙”护“媳妇”

1941年夏的一天上午，有一百余日军进入大岭乡。他们的目的是要捉拿已被敌伪杀害的大岭乡自卫队队长陈钊的妻子钊二嫂和马秋生、梁铁两位老师。日军突然进乡，人们都不知道。敌人抓了一个乡民打锣通知各家各户的人全部集中到祠堂。当时梁铁正在八姑婆的家里探望生病的大姑婆（她们两姐妹同住一屋）。八姑婆听到锣声和叫喊，知道不妙，即对梁老师说：“阿梁！你不要自己走开，你要跟着我们。如果日本兵问你，你就说是我家的侄媳妇由广州来探望生病的姑婆的，若问到其他的事，你说不知道就是了。”八姑婆心里猜想：日军突然来，一定是来抓人的。便拿了一条黑布围裙，叫梁老师系上，装扮成本地人，然后两人扶着大姑婆往祠堂走去。

大街上布满荷枪实弹的日军，祠堂大门口两边有日军握住机枪，枪口对准祠堂里面，有几个日军把乡民赶进祠堂。祠堂里面光线很暗，已经站满了人，男女分成两列站立，迟来的都站在人群的前面。乡民看见梁老师进入祠堂都替她担心，因为他们知道梁老师是部队的人。梁老师走近人群还未站好位置，就有一位大嫂拉了她一把，大姑婆用手向后推了她一下，她还未弄清是怎么一回事，那位大嫂已轻轻跨前一步，一侧身把她往后挤去。同时她觉得自己身旁和身后的人都在蠕动，这些人把她挤到了人群的后面，比她个子高大的几位妇女都挤到她的前面和两旁，把她遮住。这时人墙外面的情况，她是看不见的。

不久，前面的日军叽里呱啦地说话之后，一个讲粤语的汉奸翻译说：“皇军说，大家不要惊慌，皇军是不会亏待好人的。这次到你们乡来，是要抓坏人陈钊的老婆和你们学校里的坏老师。大家不要窝藏他们，查到要杀头的！”他讲完话，全祠堂鸦雀无声。稍过一会儿，那个讲粤语的汉奸又说：“皇军说，谁帮助皇军把这些坏人交出来，或报出他们

的去向，皇军会重重打赏你们的！”又是一片沉寂。这时梁老师的耳朵突然被旁边一位大婶的嘴巴紧紧地贴着，并听到她悄悄说：“你不要认是老师，认是我们这里的新媳妇！”日军见没有响应，发火了，那汉奸又说：“皇军说，你们再包庇坏人不说话，就要扫机枪了！”还是鸦雀无声，接着有一个日军用手电筒在人群旁边照来照去，照了好一会。幸而梁老师被姐妹们遮住，电筒的光照不到她。不久，日军通过翻译向站在人群前的人问话了。一位阿婆回答说：“钊二嫂的男人死后，她就回娘家去住了！”又问另一个人：“那老师在哪里？”那位大婶慢慢回答说：“老师嫌人少，上个月已经走了！”这时，祠堂门口忽然响起了冤枉、饶命的叫喊声。打骂、叫喊、呼喝之声混成一片。阴森、惶恐的气息笼罩了整个祠堂，日军用尽威吓、利诱等毒辣手段要乡民供出钊二嫂和老师的去向，把乡民足足折腾了一个多小时后，毫无收获，才悻悻带队走了。就这样，梁老师在姐妹们的掩护下平安脱险。马秋生老师和钊二嫂也幸亏走避及时，没有在场。

三婶智斗伪军

1942年6月间的一天早晨，大岭被一队伪军包围了。乡里的人奔走呼喊：“黄泡仔（乡民把伪军叫作黄泡仔）来！”梁铁老师的房东三婶知道不妙。梁老师正和上村女学生陈嘉碧由学校急步回到三婶的小店里。三婶见到她们，即说：“阿梁！不得了！快走呀！八姑（即嘉碧），你快把梁老师带去你上村，设法送她到石楼乡避一避！”一面说，一面从门角处拿了两个小竹篮，在墙上取下两顶竹帽，叫她俩装成到旱地摘豆的样子混出乡外去。不料她俩还未走到上村的地界，伪军已迎面而来了，并呼喝她俩往回走。她们只得又回到三婶的小店里。不久，就听到本乡自卫队队长陈锡在街尾三婶的屋门前大喊：“梁老师快出来，长官（指伪军的长官）有话同你讲！”一连喊了几遍。三婶听了这些话，顿时面色青白起来。她意识到陈锡变坏了，带伪军来抓部队的人，便下意识地抢前一步把梁老师拉入房间，望了望觉得不成，又把她拉出来，急得团团转，一下子没有了主意。后把梁老师推入柜台里面，让她蹲下，并叫在场的淑姐（三婶的大女儿）和嘉碧帮忙。她们三人手忙脚乱地把柜台里面的杂物略作了移动，腾出一小片空位，但柜台很窄，梁老师只塞进大半个人，双脚还露出柜位外。

接着，陈锡带着几个伪军到了。他还未跨进门槛就高声问：“三婶，梁老师呢？”三婶灵机一动，把自己的上身靠前贴着柜台边，下半身稍向后斜离开柜台，顶住了台下露出来的梁老师的双脚。淑姐与嘉碧见状，立即从货架上拿下烟、酒、糖、饼等东西，放在靠近三婶面前的柜台面上，以便伪军吃，不让伪军走进柜台内。并随即靠近三婶，效法三婶那样站着，这时三个人六条腿把下面的梁老师遮挡住了。三婶装作递东西招呼伪军的样子，一面说：“先生，随便吃，不要客气。”一面回答陈锡的问话：“大少（即少爷）！阿梁一早就去趁圩了。”陈锡奸笑了一下：“刚才有人见她坐在这里的，就算飞天也不会走得这样快的！”三婶：“看错了，其实是绍卿来过。”站在陈锡旁边那个伪军不耐烦大声说：“识相点，她去了哪里？快点说出来。如果你交出来，有一大笔花红（即奖金）给你，如果仍窝藏、抵赖，搜查出来，连你也没命的！”三婶一面递茶、敬烟，一面镇定地说：“长官，梁老师的确是去了趁圩的，就算你长官给我一个箩做胆，我也没这个胆量去收藏这样的人的，我和她非亲非故，何必讨这样的苦吃！”她又转向陈锡说：“大少，你平日也知道我这个人是怕事的，你说是不是呢？”那个伪军长官大声呵斥：“少啰唆！快把人交出来，否则你的头也要搬家！”他说到这里，随手把三婶递给他的那瓶烧酒拿着大口大口地喝了几口。其他的伪军，也趁机拿的拿、抢的抢、装的装，把放在柜台上的东西，几乎扫光了。

这时人头攒动，乱糟糟的。梁老师心里正琢磨着应付的办法。她猜到伪军下一步必会进屋来搜查了，倒不如自己挺身而出，免致连累三婶。但她略一动弹，三婶似乎意会到她的心思，就用双脚钳制着她，紧紧地顶着她，示意不许她动。这时，有一个伪军在那伪军长官的耳边小声说了几句话。那伪军长官点了点头，放下酒瓶拍手叫那几个伪军跟他离开，离开前还回头对着三婶说：“聪明点！现在把人交出来还不迟，要不小心你的狗命！”陈锡也跟着走了。三婶立即从柜台里面走了出来，装作送客的样子，追出门外。

她看到伪军转了弯之后，立即回来一把拉起梁老师，把她藏到屋后一个禾桶里，可是禾桶太浅，坐着有半截身子露出来，躺下去又不够长。三婶又急得团团转，不知如何是好。后来她突然想到屋外那间小屋，就急中生智，火速把梁老师拉到屋外那间小屋处，叫淑姐把小屋的门打开，母女俩急急忙忙地把堆堵在小屋门前的杂物挪开，叫梁老师弓着身进去，并交代她：“不要动，不要弄出声音，外面有什么事都不要管。”她一面说，一面把门掩上，并堆回那些杂物，照原来样子堵住小屋的门，然后又小声说：“不要怕，伪军走了，我会来叫你的。”之后，她装作找鸡的样子，一路啾啾啾地叫着回店里。

这间小屋，位于路旁的空地上，是放无主孤魂灵牌位的地方，只有半个人高。乡人迷信，怕不吉利，向来都不进此屋的。梁老师坐在里面，听见伪军在路上过往多次，也听到他们的谈话说：“真累死我们，去了哪里呢？”另一人说：“走不远的，估计还藏在乡里。”又有人说：“一定要再搜，搜出来，我们就有花红分，分了花红用来买烟买酒过瘾呀！”虽然人声嘈杂，路上行人过往频繁，但从未有人走近小屋。后来伪军把乡民集中到祠堂骂了一番，提出缉拿“坏人”归案的办法后，便无精打采地拉队走了。

伪军走了之后，三婶打开小门，对梁老师说：“真是谢天谢地！阿梁算你命大，你有福呢！”其实梁老师这次脱险，完全是三婶之功——是三婶冒着杀头的危险，勇敢、机智地掩藏援救，才使她得以绝处逢生的。

（本文选自《南华烽火》）

为革命事业无私奉献的城口人民

文/陆是朝

1933年至1935年2月，城口人民全力支援红军。不仅为红四方面军做向导、送情报，而且选出优秀的城口儿女参加红军，组织群众武装配合红军，建立群众组织支援红军，筹集生活物资供给红军。正是由于苏区人民的无私奉献、不怕牺牲、英勇奋战，川陕苏区党政军取得了辉煌的战斗业绩。

1933年10月，红四方面军在宣（汉）达（县）战役期间攻进城口，开辟了城口苏区，建立了中共城口县委和城口县苏维埃政府，使城口成为川陕革命根据地的重要组成部分。从1933年城口苏区成立到1935年2月红军撤离城口，城口苏区军民全力支援、浴血奋战，为革命胜利作出了巨大的牺牲和贡献。

输送优秀儿女参加红军

为了壮大工农红军，保卫和发展根据地，川陕省委多次号召扩大红军力量。这一号召得到了苏区广大群众的积极响应和拥护，城口各地出现父送子、妻送夫参军，兄弟姐妹争相入伍的热烈场面。当时总人口只有五万七千人的城口，参加武装斗争和苏区地方工作的就有近四千人，约十个成年人中就有一人投身革命。其中，参加红军和游击队的人员有三千多人，正式加入红军队伍的有五百余人。城口参加红军的人多数被分配到三十三军，一部分编入四军、九军、三十军。在那个白色恐怖弥漫的特殊时期，参加红军就代表着随时要为革命事业献出生命，但城口儿女还是义无反顾地加入革命队伍中来。

1933年10月，红三十军、三十一军率先到达城口，余坪、双河、庙坝等地的范中宽、杨主佃、李文章、张登文等五十名青年率先参加了红军。1934年5月，红三十三军大部队及四军、九军一部进入城口后，各地掀起了轰轰烈烈的苏维埃运动和扩红高潮。

红军一方面迅速发动群众开展土地革命运动，巩固和发展根据地；另一方面，广泛动员青少年参加红军，扩大红军队伍。在坪坝乡，雇农庞先荣第一个参军，接着就有七八十人相继报名参加红军。

刚满十四岁的张显宽见红军对穷人态度和蔼，实行官兵平等，便邀约几个穷小伙子参加了红军。张显宽人小机灵，团部把他分配到通信班，他每次都迅速无误地传达首长的指示和命令。有时候他装扮成放牛娃，把团部的信件安全地送到坪坝大梁、庙坝、大竹河军部。他还积极动员家乡的青年参加红军，动员家里人和亲戚朋友捐粮支援红军，成为当时有名的“红小鬼”。

庙坝乡丁有贵时年十七岁，父母要给他订婚，他坚决反对：“我不要媳妇，我要当红军。”他找到二九七团团部，硬要报名参军。在丁有贵的带动下，庙坝有一百余名青年参加了红军。坪坝乡给“发财人”（地主）当童养媳的童云，听到红军宣传“妇女翻身得解放，只有参加革命”的道理之后，深夜偷偷跑出家门参加了红军。参加革命的童云成为“妇女翻身得解放”的典型代表，她全身心地投入革命事业，在延安荣获了一等模范英雄称号；同时，她努力学习文化知识，从一个童养媳成长为绵阳军分区机关总支书记。

岔溪河和庙坝的儿童团团员在红军撤离时死活都要跟红军走，小红军刘义惠、张国安等当时不过十二三岁，是牵着老红军的衣角走过雪山草地的。

当年，城口儿女踊跃参加红军的场面十分感人。全家父子、夫妻、兄弟姐妹争相参军的情景随处可见。现在的葛城镇居民罗孝美回忆道：“红军撤走时，我的女儿罗春碧和两个儿子罗富生、罗

红三十三军指挥部旧址——坪坝大梁燕窝塘

德生都参加了红军，当时场面十分感人，锣鼓鞭炮隆重送行。”冉家坝一钟姓妇女领着儿子范正友、范正文、范毛儿四人一起参加红军，母亲带着九岁的小儿子跟随部队到甘肃、过黄河，后来母子在西路军的战斗中失散。

在战场上，城口籍的红军战士作战勇敢，舍生忘死，屡立战功。岔溪河乡刘代寿兄弟姐妹六人参加红军，走完长征后，只有刘代寿一人活着。随军北上的五百余名城口籍红军跟随部队出生入死，最后只有十多人活到了革命胜利，有三百多人在作战或长征途中光荣牺牲，其中被认定为革命烈士的有一百一十名。在共和国的旗帜上，有城口人民血染的风采。在中华人民共和国的创建史上，有城口人民伟大的历史功绩。

组建地方武装配合红军

在输送优秀儿女参加红军的同时，城口人民还成立了地方赤卫队、游击队等各种地方武装组织，对巩固和发展革命根据地发挥了巨大作用。城口各区、乡苏维埃成立的赤卫队、游击队、儿童团等群众武装组织，紧密配合红军防守阵地，构筑工事，侦察敌情，开展对敌袭扰，设卡盘查等作战活动，打败了进攻苏区的敌军，清剿了残存的反动武装，保卫了苏维埃政权和人民的安全，保障了土地革命和苏区建设事业的进行。地方武装人员还不间断地补充到红军主力部队，是红军兵员的主要来源。

当年，城口共成立了七支赤卫队、十六支游击大队、三十多支游击小队和六个儿童团，参加人员共计三千余人。红军在城口的各次战斗，几乎都有地方武装力量的配合，特别是红军在反“围剿”战斗中，地方赤卫队和游击队的武装人员不怕流血流汗，不少人在战斗中壮烈牺牲，谱写了一曲又一曲英雄壮歌。

1934年8月，四川“剿匪”总司令刘湘下属的第五路军由开县攻入城口，对红军进行第四期总攻。红军在庙坝三排山一带与敌人激烈战斗，庙坝乡苏维埃儿童团团长庞童生带领儿童团团员，绕山路为驻守罗江樱桃溪和九重山的红军送情报，在樱桃溪碑垭口被敌人察觉，敌人抓住庞童生，要他交出情报并说出红军的活动情况。庞童生人小胆大，机智勇敢，面对敌人的刺刀和枪口毫不畏惧，毁掉了情报。气急败坏的敌人用刺刀插入庞童生的胸口，年仅十四岁的庞童生壮烈牺牲。刘长宣等游击队员在白芷山战斗中英勇牺牲。这些英雄故事至今仍在城口人民中流传。

红军在城口战斗近十个月，城口人民采用不同方式支援红军，军民之间结下了深厚的情谊。在城口战斗过的老红军赵杰对城口人民怀有极其深厚的感情。1987年11月，他在给城口县委的一封信中这样写道：

回想起来，我们在攻克城口的战斗中，特别要感谢城口人民，他们给予了红军大力的支援和积极的配合，当地的县委、县苏维埃政府及县军区指挥部全力以赴地支援红军攻打城口的敌人。当时的县委书记王朝禄，他工作很积极，同县军区指挥长一道带领地方武装（赤卫队、游击队）积极配合我们作战，同时还动员了很多群众参加红军。

红三十三军九十九师师长兼二九七团团长王波在回忆录《解放城口战役的红三十三军》中，深情地表述了红军与城口苏区人民并肩战斗、互相支援的斗争经历。王波回忆说：“在我军解放城口全县三分之二的土地后，转战、驻守近十个月过程中，城口县人民对我红三十三军部队的粮食供应，组织人民参军，对苏区的巩固，配合红军清匪反霸，维护社会治安，人民生产建设及拥军工作，做出了很大贡献，军民鱼水之情难忘。”

党和国家也没有忘记为苏区建设做出巨大贡献的城口人民。1960 年 4 月，曾任游击大队长和赤卫队长的城口人陈良奎，以老赤卫队员、民兵建设积极分子的双重身份出席了在北京召开的全国民兵代表大会，受到毛泽东主席、周恩来总理、朱德总司令等党和国家领导人的亲切接见。毛主席还邀请陈良奎到家中做客，并颁发给他一支半自动步枪、一百发子弹和一小袋苹果，这件事情至今仍被城口人民所传颂。

红四方面军从入川时的一万四千余人迅速发展到八万余人，开创了四万多平方公里的根据地，其速度是惊人的。这支坚强的人民军队，是川陕革命根据地的支柱。在川陕苏区，红军在地方武装的配合下和人民群众的支持下，胜利地粉碎了四川军阀发动的军事进攻，歼敌十万余人，取得了辉煌的战果。

筹集粮食物资供给红军

1934 年 10 月，川陕省苏维埃政府召开全省红军家属代表大会。会议通过的《川陕全省红军家属代表大会决议》指出：“我们的儿子，我们的丈夫和兄弟都在前方英勇作战，都是光荣的红色战士。我们都是苏维埃政权下面最光荣的公民，誓死拥护苏维埃到底。我们要帮助和慰劳我们自己的红军，做鞋、做袜、送小菜等拥护红军，帮助医院的工作，自动参加运输队、担架队，来配合红军行动。”

红军初进城口时，部队吃粮问题主要是靠群众捐献和没收地主豪绅的粮食、征收富农的粮食来解决。在苏维埃政府的支持配合下，1933 年冬至 1934 年夏，在城口共没收和征发粮食九十五万余公斤。1934 年秋季，乡村苏维埃就组织群众收割地主田地里的庄稼供给红军，共抢收粮食一百二十多万公斤，基本解决了红军的生活用粮问题。

城口人民在极其贫困的情况下，拿出自己的粮食、衣被支援红军。红军作战期间，物资运输经常受到敌人的封锁，粮食无法运往前线。淳朴的城口人民为支援红军作战，把家里仅有的一点粮食拿出来捐献给红军。高山地区的群众把自己的嫩玉米、青麦子和鲜红苕、四季豆、苦荞等杂粮、蔬菜捐献出来，送到前线给红军指战员充饥，群众宁愿自己忍饥挨饿，靠采集野菜、喝清汤度日，也不愿让浴血奋战的红军指战员饿着肚子打仗。在乡苏维埃的办公室里，天天都有群众提着新鲜蔬菜、打好的草鞋、做好的鞋袜交给乡主席或委员们，要他们转送给红军。红三十三军二九五团司号班班长刘武彩后来回忆说：“我们在城口战斗期间，是城口人民养活了我们，只要是能吃的东西，他们就送给我们吃，有的人家把家畜都杀了送给红军吃。”

据不完全统计，当年城口全县有近一千户群众主动向红军捐粮，共捐献粮食十多万公斤，还有很多农户为红军送蔬菜、食油和肉。如沿河牟家一个院子就有五户农民主动捐献粮食，其中，牟兴清捐献玉米六十公斤，牟兴富捐献玉米三十公斤，牟兴成捐献玉米一百五十公斤，牟正清捐献羊一只（十五公斤），

周应清捐献猪一头（四十公斤）。这些东西在现在看来并不多，但对于当时的山区人民，已经是他们大部分家当了。

苏区的老人和妇女，凡有劳动能力的，就加入推磨、碾米，为部队加工粮食，红军在城口所用粮食全都是当地群众加工出来的。体力弱的则在家里打草鞋、编斗笠、扎鞋垫送给红军，城口群众为红军打草鞋五千多双、编斗笠两千多顶。正是在苏区人民的无私奉献和大力支持下，才使红军在城口取得了重要的战斗成绩，为实现红四方面军反“六路围攻”战役的全面胜利作出了重大贡献。

开展战地运输支援红军

城口革命根据地的建立和红军在城口战斗中取得的胜利，与当地群众的大力支援是分不开的。苏区时期，城口没有公路，没有运输工具。红军在城口作战期间，部队所需的粮食、弹药等物资运输全凭人力肩挑背扛。各级苏维埃政府动员了所有的力量为红军运输粮食、物资。在征战的日子里，城口群众组织了运输队，冒着生命的危险，把筹集到的大批粮食源源不断地送往前线；在山洪暴发的时刻，群众用门板扎成木筏引渡红军。

庙坝乡粮食委员廖主义，组织运粮队从庙坝运粮约十六万公斤到坪坝大梁红军指挥部；黄溪乡粮食委员王立成组织群众从黄溪陈家老房子将六万三千公斤的大米运上海拔七百米左右的坪坝大梁；岔溪乡运输队长牟兴平、陈学清组织三十人的突击队，从庙坝运粮到岔溪口，人力背运一个月，运粮食四万余公斤；三湾乡运粮队采用木筏从大岩洞运粮到岔溪口粮食转运站，再用木船运到大竹河；岔溪乡粮食委员唐五老汉一家人用船从岔溪口运粮近四万公斤到大竹河。

城口地势险要，运输队运送粮食、枪弹等物资上山，下山又抬回伤病员。当时，运输粮食特别困难，从庙坝到坪坝只有十五公里，但因途中有军阀刘存厚军队在木瓜口设立的关卡，运粮队只能绕道翻越海拔两千多米的康家山，一上一下要花一天时间，体力消耗特别大。敌人千方百计封锁红军前方交通，经常炸毁桥梁，设置路障。运输队有时还会遭到敌人的伏击，不少群众为此献出了生命。当时的运输队遍布城口全县，中溪、沿河、坪坝、明月、高燕、左岚、冉家坝一带的赤卫队员，冒着敌人的枪林弹雨，穿梭于山林沟壑，往返于密林小路，送粮食、弹药到前线阵地是常有的事。1934 年 6 月，红军运粮小队从姚磅运粮到蚂蟥垭，地主徐连林发现后向当地民团报告，民团一个连在厚裕河埋伏，待红军运粮小队傍晚途经此处做饭时发动突然袭击，六十多名运输人员和红军战士壮烈牺牲，所运粮食全被民团截获。尽管如此，运输人员还是冒着枪林弹雨，跋山涉水，保证了红军前沿阵地的粮食供应。

由于青壮年男子大多数都参加了红军和地方武装游击队，所以，妇女就成为运输队的主力。她们为中国人民的解放事业作出了不可磨灭的贡献。她们的历史功勋，是城口妇女的光荣和骄傲，是中国妇女的光荣和骄傲。正如原红四方面军总政治部副主任傅钟在《红四方面军创建川陕边革命根据地及长征情况概述》一文中所说：“广大妇女群众，直接帮助红军运粮运草，救护伤病员，在扩大红军与拥军优待红军家属的

红军驻地——城口庙坝

工作中，亦起着重大作用。尤其值得称颂的是，各县区妇女积极分子在党的领导下，直接学习军事技术，参加地方公安工作，与根据地边沿区的反动地主武装进行不断的军事斗争。经过这番锻炼之后，各县先后组织妇女独立连营等战斗组织，以致后来发展成为川陕边妇女独立师。这支武装在当时内防工作上产生了积极的效果。”因此，可以说，“这个区域的妇女特别活跃”“她们的坚强，往往不亚于男人”“根据地的妇女群众在党的武装斗争历史上，是值得永远崇敬的”。

（本文选自《红岩春秋》）